EDUARDO APPIO SALVIO KOTTER

A ÁGORA E O ALGORITMO

DIREITO E DEMOCRACIA NA ERA DIGITAL

KOTTER EDITORIAL

Diretor editorial: Sálvio Nienkötter
Coordenação editorial: Claudecir de Oliveira Rocha
Editor-executivo: Sálvio Nienkötter
Editor-assistente: Luiz Felipe Cunha
Capa: Jussara Salazar
Design editorial: Carlos Garcia Fernandes
Produção: Joehverson Guslem Jacob
Preparação de originais e revisão: O Autor

Dados Internacionais de Catalogação na Publicação (CIP)
Angelica Ilacqua CRB-8/7057

P491r

Kotter, Salvio
A Ágora e o Algoritmo - Direito e Democracia na Era Digital / Eduardo Appio e Salvio Kotter. – 1. ed. – Curitiba : Kotter editorial, 2025.
182 p.

ISBN 9978-65-5361-427-7

1. Direito–Big techs 2. Big techs – mídias sociais I. Título

CDD 340

25-1105

Kotter Editorial Ltda.
Rua das Cerejeiras, 194
CEP: 82700-510 - Curitiba - PR
Tel. + 55(41) 3585-5161
www.kotter.com.br | contato@kotter.com.br

Feito o depósito legal
1ª Edição
2025

EDUARDO APPIO

SALVIO KOTTER

A ÁGORA E O ALGORITMO

DIREITO E DEMOCRACIA NA ERA DIGITAL

SUMÁRIO

A ÁGORA E O

ALGORITMO

Sobre a tese doutoral de Eduardo Appio

A tese de Eduardo Appio mergulha de forma densa na teoria constitucional contemporânea, examinando a legitimidade, os limites e os efeitos da intervenção judicial no contexto brasileiro. Ao recorrer a pensadores como Hans Kelsen, Carl Schmitt, Jürgen Habermas, Ronald Dworkin, John Hart Ely, entre outros, a obra demonstra um esforço consistente para mapear os diversos enfoques que informam a atuação jurisdicional, sobretudo onde o Poder Judiciário assume o papel de garantidor de direitos em um Estado Democrático de Direito permeado por tensões sociais e políticas.

O texto se apoia em uma leitura crítica de doutrinas clássicas e atuais, evidenciando o choque entre visões procedimentais da democracia (associadas aos postulados de Kelsen e Habermas) e abordagens de cunho substancial (vinculadas, em larga medida, à perspectiva de Dworkin). Em vez de simplesmente importar modelos estrangeiros, Appio sustenta a importância de uma "perspectiva periférica," que reconhece as particularidades históricas, sociais e institucionais brasileiras ao fixar parâmetros para a intervenção judicial.

Essa construção teórica enriquece o debate sobre o controle judicial de políticas públicas. Observa-se um cuidado em distinguir concepções mais minimalistas — que veem o Judiciário como mero aplicador da lei — daquelas que preconizam um Judiciário ativo, capaz de assegurar direitos fundamentais e ampliar garantias constitucionais. Sob esse prisma, a tese destaca como a democracia participativa pode ser ora consolidada, ora fragilizada, dependendo de como se delineia a extensão do poder jurisdicional.

Outro ponto marcante é o resgate das raízes jusnaturalistas do constitucionalismo moderno, associadas à legitimidade democrática que sustenta a autoridade judicial. Nessa dinâmica, a legitimidade do Judiciário se constrói em diálogo permanente com a soberania popular, ao mesmo tempo em que se reconhecem as ambiguidades do modelo neoliberal — que exige, com frequência crescente, arbitragens judiciais para solucionar disputas entre diversos agentes sociais, políticos e econômicos.

A relevância do estudo reside na compreensão do Judiciário como ator estrutural no arranjo democrático, não apenas intérprete de normas. A intervenção judicial pode, de um lado, ultrapassar fronteiras e comprometer o equilíbrio entre poderes, mas, de outro, representar um contrapeso crucial à realização da justiça social. Appio equilibra esse argumento ao salientar a importância de fundamentos principiológicos, capazes de legitimar a jurisdição enquanto força promotora de direitos.

O resultado é um arcabouço teórico sólido, que conjuga contribuições internacionais e reflexões situadas na realidade brasileira. A tese traça diretrizes e balizas para a atuação judicial que se pretenda efetivamente democrática, respeitando a autonomia dos demais poderes e a vontade popular que confere substância ao Estado de Direito. É uma valiosa contribuição para os campos do Direito e da Ciência Política, evidenciando, com profundidade e discernimento, as condições sob as quais a jurisdição pode fortalecer a democracia e proteger direitos sem violar suas próprias limitações institucionais.

No que se segue, toda a argumentação está apoiada direta ou indiretamente nessa tese. Limitei-me a discutir, complementar a pesquisa, redigir partes e revisar o texto final.

Salvio Kotter

SEÇÃO I

BYTES E MÍDIA: CONDENAÇÃO VIRTUAL E CONDENAÇÃO JUDICIAL

PROLEGÔMENO À SEÇÃO I

"Te arrojas (que é forçoso) Adão moderno a dar a novas coisas nomes novos"

Filinto Elísio, pseudônimo de Francisco Manuel do Nascimento

É definitivamente flagrante o quanto temos vivido imersos em um contexto sociocultural marcado pela hegemonia das redes sociais e do universo digital, fenômenos que permeiam quase integralmente a esfera das relações humanas contemporâneas. Eventos noticiosos, estratégias de destruição reputacional e julgamentos morais disseminam-se rapidamente, potencializando a percepção de que o tribunal virtual da opinião pública exerce um poder quase ilimitado.

Tudo isso é verdadeiro e inconteste, contudo, não podemos ver isto como algo determinista, fatalista e imutável, é preciso haver uma percepção crítica e explorativa: embora a dinâmica das redes digitais possua relevância substancial na vida cotidiana, é o plano ontológico da realidade concreta que conserva a primazia decisiva. Primeiramente que tudo que concerne ao jornalismo e mais precisamente à política somos pautados nas redes pela mídia hegemônica, a única que, por contar com grande equipe, é capaz de ser fonte primária de notícias. As redes vêm na esteira e replicam, reforçam ou contestam o que foi publicado, seja como for, sempre estarão à mercê desta mídia.

Agora, ainda mais importante que esta constatação da atuação da mídia é perceber que, por mais persuasiva e absorvente que seja a existência virtual, a realidade material estabelece fronteiras inevitáveis. De fato, se o espírito humano pode mesmo ser condicionado pela experiência virtual, permanecerá irredutivelmente vinculado a um corpo físico dotado de necessidades e desejos materiais, inserido em uma estrutura social regida por normas jurídicas concretas – normas que transcendem qualquer julgamento realizado exclusivamente no domínio digital. Essa proposição pode ser elucidada por meio de um exemplo paradigmático: uma campanha difamatória nas plataformas digitais pode induzir danos psicológicos e sociais significativos, contudo, não equivale, em termos jurídicos, a uma condenação formal. Nenhum fenômeno virtual, por mais massivo e difundido que seja, constitui elemento suficiente para a privação da liberdade ou para a garantia objetiva de direitos. Para que tais consequências sejam materializadas, exige-se a instauração do devido processo legal, com participação ativa de magistrados, tribunais e a observância estrita das garantias jurídicas institucionalizadas. Como enfatizou oportunamente o ministro Alexandre de Moraes, do Supremo Tribunal Federal, em pronunciamento acerca da responsabilidade das plataformas digitais, "aqui é uma terra que tem lei. As redes sociais não são terra sem lei". Assim, apesar do aparente caos dos debates virtuais, esses ocorrem sob a égide normativa do mundo concreto. É nesse plano material e jurídico que, afinal, residem as obrigações sociais e se concretizam as defesas de direitos fundamentais.

Sob um prisma filosófico, a superioridade da realidade objetiva em relação às construções virtuais remete diretamente a reflexões clássicas acerca da verdade e da factualidade. Hannah Arendt, filósofa cujas obras contemplam profundamente esses aspectos, argumenta que mesmo as mentiras mais sofisticadas não conseguem substituir plenamente os fatos objetivos. Inexoravelmente, a realidade acaba prevalecendo. Tal perspectiva carrega consigo um otimismo moderado: ainda que as interações virtuais possam momentaneamente alterar percepções e mobilizar afetivamente as massas, a ordem objetiva e factual do mundo – marcada por necessidades materiais, fatos empiricamente verificáveis e instituições jurídicas sólidas – tende a restabelecer-se como estrutura última e decisiva.

A influência da opinião pública no Judiciário: tensões e exemplos

Reconhecer a primazia ontológica da realidade concreta sobre o fenômeno virtual não implica subestimar a influência que é continuamente exercida pela opinião pública, sobretudo quando amplificada pelas dinâmicas próprias das redes sociais. Observa-se, em certos contextos críticos da vida pública brasileira, que a denominada "voz das ruas" – repercutida incessantemente nos meios de comunicação e nas plataformas digitais – parece ter imposto desafios significativos à imparcialidade das decisões judiciais. Tal fenômeno, inclusive, foi percebido pelo senso comum, especialmente em ocasiões em que ministros do Supremo Tribunal Federal pareceram agir sob intensa pressão da opinião pública.

Um exemplo foi o emblemático julgamento da Ação Penal 470 (Mensalão, 2012), um dos processos judiciais mais politizados e mediados da história recente brasileira. Aquele foi o primeiro julgamento transmitido ao vivo pela TV Justiça, e há relativo consenso que os ministros acabaram performando para as câmeras e julgaram de olho na opinião pública.

Fenômeno semelhante manifestou-se durante a Operação Lava Jato, em um contexto igualmente marcado por forte mobilização social. Em 2018, no julgamento decisivo do habeas corpus que definiria o destino jurídico do então ex-presidente Luiz Inácio Lula da Silva, o ambiente social caracterizou-se por profunda polarização, sustentada por protestos, transmissões ao vivo e campanhas intensas nas redes sociais. O resultado foi um apertado placar de 6 a 5 no Supremo Tribunal Federal, resultando na denegação do habeas corpus e confirmando a possibilidade de prisão após condenação em segunda instância. É notório que o clamor público por medidas punitivas pode ter influenciado decisivamente esse resultado, notadamente ao voto decisivo da ministra responsável pelo desempate, cuja argumentação baseou-se na necessidade de aderir a uma suposta maioria, que de fato só pôde ser formada por ela própria. O voto em si contraditório, cujo conteúdo apontava para um desfecho e o final para seu contrário sugeriu que o real motivo subjacente à decisão poderia ser o receio político de desafiar o sentimento majoritário da opinião pública, alimentado pelas narrativas dominantes da mídia hegemônica.

Esses eventos evidenciam uma tensão inerente à administração da justiça contemporânea: enquanto, por um lado, se defende a prevalência jurídica e factual sobre a agitação virtual, por outro, constata-se empiricamente que a realidade dos julgamentos pode ser significativamente influenciada pelo discurso midiático que gera pressão popular nas redes. Tal contradição exige uma abordagem que reconheça a autonomia e, ao mesmo tempo, a inevitabilidade das influências sociais sobre os magistrados, indivíduos imersos no mesmo contexto cultural e social daqueles cujas disputas devem julgar.

Todavia, é essencial ressaltar que a comunidade jurídica reconhece explicitamente os riscos de sucumbir às pressões emocionais do público. Magistrados renomados, como Celso de Mello, advertiam reiteradamente que os julgadores devem ser impermeáveis às manifestações populares que possam comprometer o direito fundamental dos acusados a julgamentos justos e imparciais. Esta postura reflete um compromisso profundo com o Estado Democrático de Direito, resistindo à tentação de converter os tribunais em ágoras de justiça sumária ou vingança coletiva. Até por isso os juízes não são eleitos pelo povo, para poder atuar contra a corrente quando assim a lei o requeira.

Pesquisadores dedicados à análise do fenômeno do "populismo penal" alertam sobre os riscos decorrentes da elaboração de decisões judiciais pautadas exclusivamente pelo clamor emocional da população, resultando em políticas simbólicas e sentenças que frequentemente carecem de efetividade prática e desrespeitam princípios fundamentais do ordenamento jurídico. Com efeito, o Poder Judiciário, enquanto guardião da Constituição, possui uma função intrinsecamente contramajoritária, cuja legitimidade reside precisamente na capacidade de resistir às pressões populares, mantendo-se fiel às disposições legais.

Em última análise, é preciso reconhecer que o equilíbrio entre sensibilidade social e independência jurídica constitui um desafio constante para o sistema judicial contemporâneo. Os casos aqui discutidos, ao mostrarem momentos excepcionais e problemáticos de prevalência indevida da opinião pública sobre critérios técnico-jurídicos, realçam precisamente a relevância da tese que defendemos, que sustenta a necessidade da prevalência dos fatos e das normas jurídicas sobre as narrativas virtuais e as pressões sociais episódicas.

Complementaridade das duas perspectivas e estrutura do presente pensamento

Em uma primeira leitura, pode-se identificar alguma contradição epistemológica entre as ideias aqui apresentadas: afinal, como sustentar que o mundo material subjaz ao virtual, se consideramos os casos em que o ambiente virtual (sobretudo a opinião pública moldada pelas redes sociais) aparentemente definiu rumos concretos da realidade institucional e jurídica? O presente estudo foi elaborado precisamente para abordar esse paradoxo aparente, evidenciando não uma exclusão, mas uma complementaridade analítica entre ambas as perspectivas.

De um lado, é indubitável o impacto exercido pelas redes sociais e pela opinião pública sobre as dinâmicas sociais, inclusos o sistema judiciário e o sistema político, tema amplamente investigado pela academia. Por esta razão, uma parte deste texto apresenta, de modo sistemático e fundamentado, uma síntese crítica das principais contribuições acadêmicas brasileiras nas áreas da filosofia, sociologia, ciência política e direito acerca dessa interação. Neste contexto, abordamos conceitos críticos como a "pós-verdade" (caracterizada pelo predomínio de crenças subjetivas sobre evidências objetivas), a constituição de um julgamento midiático paralelo às instituições judiciais formais, bem como teorias relacionadas à formação da opinião pública na era digital. Incorporamos análises filosóficas sobre a verdade factual e as técnicas propagandísticas referenciando estudos sociológicos sobre formas contemporâneas de mobilização via plataformas digitais, abordagens jurídicas sobre o fenômeno denominado populismo penal e os comportamentos institucionais sob pressão social, além de recuperarmos eventos históricos específicos em que a mídia e o clamor popular tiveram papel decisivo em trajetórias institucionais. Esta revisão teórico-empírica busca oferecer bases para a compreensão da dialética entre virtualidade e realidade, revelando não apenas como o virtual permeia o real, mas também como o real resiste e condiciona tais influências.

Já em outra parte do estudo, procedemos a uma análise detalhada da tese proposta segundo a qual, a despeito da intensidade do ruído digital, prevalece estruturalmente o mundo real (em suas dimensões materiais, jurídicas e institucionais) sobre o espaço virtual. Buscamos explorar de forma aprofundada estes argumentos incialmente propostos por Appio, bem como as implicações teóricas e práticas de sua hipótese central. O objetivo é demonstrar a coerência e relevância dessa proposição no contexto atual, especialmente como instrumento conceitual útil para lidar com as constantes crises geradas pela proliferação de desinformação e escândalos artificiais no espaço público digital. Ao reconhecer que nem toda "justiça midiática" possui equivalência real em termos judiciais e institucionais, e que mecanismos institucionais sólidos existem justamente para mitigar tais pressões indevidas, torna-se possível cultivar maior grau de criticidade e equilíbrio diante das informações sensacionalistas ou virais. Em suma, a tese realista fornece uma perspectiva crítica contra a manipulação midiática e o pânico gerado por fenômenos digitais, ao reafirmar que o ordenamento jurídico real detém o poder definitivo de decisão, resguardado pelos instrumentos fundamentais do Estado Democrático de Direito.

A estruturação destas ideias em partes separadas seguiu, portanto, uma lógica clara: por um lado, analisamos criticamente o problema; depois, propomos uma perspectiva conceitual para sua abordagem. O próprio surgimento deste projeto reflete esse método dual. A proposição original de Appio só é apresentada depois de o problema com um todo já ter sido abordado por outros vieses. Esta perspectiva realista ante uma percepção geral que o virtual esteja agindo soberanamente é por demais instigante. Foi por isso que me envolvi diretamente como primeiro leitor e possível colaborador, realizando pesquisas complementares que revelaram uma ampla gama de teorias e exemplos históricos disponíveis para enriquecer a discussão. Esse processo de pesquisa culminou na ampliação do escopo do trabalho, passando de um projeto de artigo breve para um ensaio mais estruturado e abrangente. Assim, decidimos pela organização didática do texto: a primeira parte estabelece o arcabouço teórico, a segunda o relativiza, e a terceira busca mostrar que há um exagero na aceitação da tese que vivemos imersos no virtual.

Portanto, longe de representarem uma contradição, as partes dialogam e se fortalecem mutuamente. A análise teórica e histórica prepara o terreno para uma compreensão aprofundada dos desafios contemporâneos, demonstrando momentos em que as fronteiras entre justiça institucional e pressão popular são instáveis, mas também evidenciando os princípios e precedentes que garantem a autonomia das instituições judiciais.

A tese de Appio emerge como uma síntese crítica e otimista, reconhecendo o poder das redes sociais, mas também sustentando que esse poder não é determinante nem absoluto exceto quando ancorado nas instituições e na realidade concreta.

Esperamos contribuir, desse modo, para um debate minimamente aprofundado sobre as complexas interações entre opinião pública e justiça institucional, fornecendo uma análise rigorosa mas equilibrada, que auxilie acadêmicos, operadores jurídicos e cidadãos na compreensão das tensões da contemporaneidade digital sem abdicar dos fundamentos do Estado de Direito.

O propósito central deste ensaio é, enfim, elucidar a complexa relação dialética entre real e virtual, revelando que embora as redes possam provocar agitações na esfera pública, é o mundo real – suas instituições, fatos e consequências – que define estruturalmente os rumos sociais.

*

Ao dizermos que o mundo real caminha apesar do mundo virtual e, ao mesmo tempo, reconhecermos que o mundo virtual influencia o mundo real, estamos dizendo que nos encontramos diante de algo intrinsicamente dialético, ainda que de nenhuma forma paradoxal. E dizemos dialético como propõe a dialética hegeliana que entende o mundo e o pensamento como processos contínuos de transformação interna, e não como simples colisões mecânicas entre ideias opostas. Sequer a tríade simplificadora de tese-antítese-síntese poderia nos socorrer ante esta aparente contradição.

Trata-se de um tema inalcançável pela lógica clássica aristotélica do princípio de não contradição, segundo o qual (em uma das traduções possíveis) algo não pode simultaneamente possuir e não possuir a mesma característica, no mesmo sentido, ao mesmo tempo e circunstância. Hegel introduz uma ruptura radical com essa visão aristotélica, propondo uma concepção dinâmica, fluida e histórica da realidade. Para Hegel, o real é dialético: tudo o que existe carrega em si contradições internas que são motor do movimento, da transformação e da evolução.

Em Hegel, portanto, a contradição não é algo proibido ou indesejável; pelo contrário, ela é constitutiva da realidade. Ele propôs na Fenomenologia do Espírito a famosa formulação de que o mundo e o pensamento avançam por meio da "negação determinada" (Aufhebung), um conceito que envolve simultaneamente negar, conservar e superar algo em um nível superior de compreensão e desenvolvimento.

No plano lógico-formal, claro, Aristóteles permanece válido como fundamento da coerência discursiva cotidiana e científica.

No plano ontológico (relativo ao ser) e histórico, Hegel é indispensável para compreender a dinâmica das transformações sociais, políticas e culturais, onde as contradições são evidentes, inevitáveis e produtivas.

Autores contemporâneos, como Slavoj Žižek e Alain Badiou, têm enfatizado exatamente a produtividade filosófica e política das contradições dialéticas, sem negar a relevância prática do princípio de não contradição aristotélico na linguagem cotidiana e científica.

Em tempos quânticos, em que sabemos que um elétron é tanto uma partícula (corpo) quando uma onda (energia), e que o Gato de Schrödinger está vivo e está morto, é preciso nos desarmarmos de velhos conceitos e aceitar junto deles, conceitos novos e mais afeitos a desnudar realidades complexas. A vida digital e a realidade virtual podem ser eventualmente uma das melhores portas de entrada a estes paradigmas simultaneamente verdadeiros e falsos, simulacros e realidade.

Neste sentido, a Hiperdemocracia (que poderia ser instaurada por meios digitais, com decisões coletivas via votos certificados) é simultaneamente a Hipodemocracia, no sentido de que as opiniões exacerbadas e estremadas em grupos segmentados geram a despolitização.

Seja bem-vindo, amado leitor, ao deleitoso caos das verdades superpostas.

PARTE I

O VIRTUAL SOB FILTROS

1. Real vs. Virtual

Desinformação, Influência Digital e Opinião Pública vs. Instituições

O fenômeno contemporâneo das realidades entrelaçadas – numa intersecção entre o real e o virtual – enseja profundas reflexões epistemológicas e críticas, mobilizando disciplinas como Filosofia, Sociologia, Direito e Ciência Política. No contexto brasileiro, pesquisadores de universidades de referência têm se dedicado a analisar as complexidades e consequências desse fenômeno. Entre os pontos centrais de investigação destacam-se questões relativas à disseminação de desinformação, às influências das plataformas digitais sobre o julgamento social e à conflituosa dinâmica entre opinião pública virtualizada e processos decisórios institucionais.

Este estudo visa trazer este debate acadêmico em quatro eixos analíticos distintos e complementares:

Filosofia: Buscaremos realizar uma abordagem ontológica (ser, existência) do impacto da virtualidade nas concepções clássicas de realidade e consciência, articulando perspectivas filosóficas contemporâneas com debates epistemológicos (em torno do conhecimento) sobre percepção, representação e experiência humana mediada por tecnologias digitais.

Sociologia: Investigaremos criticamente o como as redes sociais digitais reconfiguram processos identitários, interações sociais e práticas de mobilização coletiva, analisando as transformações nas estruturas sociais tradicionais e os novos padrões emergentes de sociabilidade mediados pelo ciberespaço.

Direito: Examinaremos os dilemas jurídicos suscitados pelo fenômeno digital, com especial atenção às questões de privacidade, regulação e governança das plataformas digitais, além das estratégias jurídicas para o enfrentamento da desinformação e proteção dos direitos fundamentais na esfera virtual.

Política: Analisaremos as implicações políticas da virtualização da esfera pública, incluindo a formação da opinião pública digital, os processos eleitorais e as tensões entre participação política ampliada pelas mídias digitais e a legitimidade dos sistemas políticos institucionais.

Cada eixo contemplará uma análise crítica das contribuições acadêmicas brasileiras mais recentes e relevantes, buscando oferecer uma perspectiva aprofundada e interdisciplinar sobre o impacto das realidades entrelaçadas na configuração contemporânea da sociedade brasileira.

2. Filosofia

Hiper-realidade, Realismo Digital e Epistemologia da Virtualidade

A discussão filosófica contemporânea acerca do binômio real versus virtual encontra-se imersa em um emaranhado conceitual complexo, atravessado pelas noções de hiper-realidade, realismo digital e pela emergência de uma epistemologia da virtualidade. Tais categorias teóricas têm sido sistematicamente exploradas em distintas vertentes filosóficas, especialmente a partir das contribuições centrais de Jean Baudrillard e David J. Chalmers, além das reflexões contemporâneas que florescem na filosofia brasileira.

Jean Baudrillard e a Hiper-realidade

A noção baudrillardiana de hiper-realidade constitui um marco teórico seminal no debate sobre a virtualização do real. Para Baudrillard, a hiper-realidade descreve um estágio avançado no qual a realidade objetiva se torna indistinguível de suas representações simbólicas, gerando uma experiência existencial pautada mais na simulação do que na materialidade direta dos fenômenos. A realidade virtual, sustentada e amplificada pelos aparatos tecnológicos e pela lógica midiática, substitui o referente original por signos carregados de valor simbólico exacerbado. A mídia, caracterizada por Baudrillard como vetor de um "feudalismo tecnológico", atua como principal instância produtora e difusora de signos que ultrapassam seus referentes originais, intensificando uma experiência sensorial imersiva e frequentemente ilusória.

Nesse contexto, a identidade pessoal e coletiva passa a ser profundamente afetada, já que indivíduos e sociedades encontram dificuldades em distinguir a autenticidade das experiências, convertendo-se em simulacros viventes. Pesquisadores brasileiros contemporâneos, como Paulo Barroso (Texto Livre, 2022), concordam com essa avaliação crítica e destacam como nossas vidas digitais têm sido moldadas para preferir as potencialidades ilimitadas da ilusão virtual às limitações concretas do mundo físico. Esse fenômeno se manifesta claramente no cenário brasileiro contemporâneo, exemplificado por programas como *Big Brother Brasil* ou na proliferação e impacto das *fake news*, fenômenos que dissolvem cada vez mais as fronteiras entre ficção e realidade, ampliando a sensação de que simulações são mais concretas do que a própria experiência empírica direta.

David Chalmers e o Realismo Digital

Em contrapartida à visão baudrillardiana, emerge com força o realismo digital defendido pelo filósofo David J. Chalmers. Sua perspectiva filosófica considera a realidade virtual não apenas uma simulação, mas uma realidade legítima, equiparável em valor ontológico à realidade física tradicional. Em sua obra Reality+ (2022), Chalmers sustenta que objetos e eventos em ambientes virtuais não são menos reais que aqueles do mundo físico, desde que possam ser experienciados subjetivamente sem necessidade da ilusão ou do engano.

Tal posicionamento vem ganhando expressivo respaldo em círculos acadêmicos brasileiros, levantando importantes questões tando de ordem epistemológicas quanto ontológicas: se estamos imersos em ambientes híbridos e digitais, o que exatamente define a autenticidade ou a realidade de uma experiência? A epistemologia da virtualidade, assim compreendida, emerge como campo filosófico essencial para estabelecer novos critérios que diferenciem, fundamentem ou ampliem a própria ideia de verdade em contextos cada vez mais marcados pela fluidez digital. Filósofos brasileiros como Luiz Carlos Pinto (UFRGS) vêm explorando essa ontologia em camadas, ressaltando a necessidade de uma nova episteme capaz de lidar com realidades que se multiplicam em níveis cada vez mais complexos.

Epistemologia da Virtualidade e Pós-Verdade

A epistemologia social na era digital ocupa posição estratégica nas investigações filosóficas contemporâneas no Brasil. Regina Marteleto (UFRJ) aborda o conceito de "cultura digital" como uma transformação radical nas formas de produção, circulação e validação do conhecimento. Na era digital, todos tornam-se potenciais emissores de conhecimento, gerando a necessidade urgente de novos parâmetros epistemológicos para determinar validade e relevância da informação.

Nesse cenário, emerge com destaque o fenômeno da pós-verdade, analisado criticamente por Antonio L. Segatto (UNESP, 2023). Para Segatto, a pós-verdade não constitui uma nova categoria epistemológica, mas opera como mecanismo de descrédito às formas tradicionais de justificação da verdade, diluindo as distinções entre opinião subjetiva e fato objetivo, favorecendo a supremacia das emoções e crenças pessoais na constituição das narrativas dominantes. Tal diluição epistemológica encontra correspondência direta com a hiper-realidade baudrillardiana, aprofundando a problemática sobre a definição de verdade em ambientes saturados de informações simuladas ou ambíguas.

Dessa maneira, a filosofia brasileira contemporânea expande e complexifica as contribuições de Baudrillard e Chalmers, promovendo reflexões próprias acerca dos impactos culturais, epistemológicos e ontológicos gerados pelo entrelaçamento constante entre real e virtual. O desafio filosófico emergente, portanto, reside em formular novos fundamentos epistemológicos que permitam compreender, interpretar e navegar criticamente nesse mundo cada vez mais permeado por realidades híbridas, simulações sofisticadas e narrativas múltiplas da verdade.

3. Sociologia

Digitalização da Opinião Pública, Redes Sociais e Comportamento Coletivo

No domínio da sociologia contemporânea brasileira, pesquisadores vêm se dedicando à investigação das formas pelas quais a digitalização influencia, reconfigura e condiciona tanto a opinião pública quanto os fenômenos de comportamento coletivo. Entre os principais pontos debatidos encontram-se as dinâmicas das chamadas "bolhas informacionais", a disseminação estruturada das *fake news* e os mecanismos sociais das plataformas digitais, que atuam diretamente sobre as percepções individuais e coletivas da realidade.

A Opinião Pública na Contemporaneidade Digital

Historicamente condicionada pela mídia tradicional, a opinião pública passa atualmente por uma radical transformação devido ao protagonismo assumido por plataformas abertas como Facebook, Twitter (X), Instagram e fechadas como WhatsApp e Telegram, espaços que se revelam simultaneamente como arenas de *democratização* discursiva e locais propícios à *manipulação* informacional. Evidências empíricas no contexto brasileiro, como aquelas apresentadas por Heloisa Barbosa (FESPSP, 2022), destacam mecanismos estruturais em plataformas digitais dominantes no país, especialmente Facebook e YouTube, que amplificam exponencialmente a circulação de fake news. Barbosa enfatiza a centralidade dos algoritmos de personalização, os quais sustentam as chamadas bolhas informacionais, onde usuários são expostos majoritariamente a conteúdos já alinhados às suas visões prévias, marginalizando perspectivas contraditórias. Tal fenômeno reforça a constituição das denominadas "câmaras de eco", grupos sociais digitais herméticos nos quais narrativas homogêneas são reiteradamente validadas e reforçadas, adquirindo notável influência política e social no contexto brasileiro.

Complementando essa perspectiva, os trabalhos de Raquel Recuero (UFPel/UFRGS), uma autoridade no campo dos estudos de redes sociais no Brasil, elucidam a intensificação da polarização e do hiperpartidarismo digital, particularmente visíveis no Twitter durante crises sociais como a pandemia de Covid-19 e debates políticos polarizados. Em sua pesquisa quantitativa sobre desinformação relacionada à Covid-19, Recuero analisou aproximadamente 159 mil links e revelou o isolamento comunicacional quase absoluto entre comunidades digitais antagônicas, como as favoráveis e as contrárias ao uso da cloroquina. Observou-se que grupos pró-cloroquina demonstraram atividade robusta na circulação de desinformação e narrativas hiperpartidárias, enquanto fontes jornalísticas tradicionais foram virtualmente excluídas desse circuito. Essas dinâmicas corroboram uma hipótese sociológica crucial: a sociedade brasileira contemporânea fragmenta-se em subesferas virtuais de sentido, o que provoca um tensionamento profundo tanto da coesão social quanto da própria noção epistemológica de uma realidade compartilhada.

Fake News e Bolhas Informacionais como Fenômenos Sociocognitivos

A dimensão da desinformação no Brasil assumiu proporções significativamente alarmantes, conforme atesta pesquisa recente do Instituto Locomotiva (2024). Segundo o levantamento, aproximadamente 90% dos brasileiros já acreditaram, em algum momento, em informações falsas, apesar de uma paradoxal confiança pessoal (62%) na capacidade de distinguir fatos de *fakes*. Esse paradoxo cognitivo é agravado pela presença massiva de redes automatizadas (bots) e agentes profissionais de disseminação de boatos, reconhecidos por cerca de 80% dos entrevistados.

Nesse cenário, trabalhos acadêmicos nacionais, como os conduzidos por Fernanda Z. Viégas (USP), exploram as variáveis socioeconômicas e cognitivas associadas à credulidade frente às notícias falsas. Viégas evidencia como fatores como renda, escolaridade e o apelo emocional inerente às mensagens influenciam decisivamente a receptividade acrítica às *fake news*. Notadamente, conteúdos persuasivos, especialmente aqueles alinhados ideologicamente à visão pré-existente dos indivíduos, são internalizados sem rigor crítico, alimentando uma percepção sociologicamente problemática do real. A fronteira entre fato e ficção torna-se progressivamente borrada, configurando o que poderia ser entendido como uma espécie de "cegueira social metafórica", no sentido proposto literariamente por José Saramago em *Ensaio Sobre a Cegueira*. Nesse contexto, a sociologia brasileira contemporânea insiste na urgência da implementação de políticas públicas voltadas ao desenvolvimento do letramento midiático e de mecanismos de resiliência cognitiva, visando reconstituir uma base mínima comum para o diálogo social.

Comportamento Coletivo e Mobilizações Digitais

Além do impacto sobre a percepção individual e coletiva, as plataformas digitais têm redefinido profundamente práticas tradicionais de comportamento coletivo, protestos e movimentos sociais no Brasil. Exemplos paradigmáticos incluem as Jornadas de Junho de 2013, mobilizadas via Facebook, e fenômenos contemporâneos como linchamentos virtuais ou "justiçamentos" digitais. Estudos realizados pela Unicamp (Souza e Jane, 2018) investigam as dinâmicas desses linchamentos digitais, ressaltando que julgamentos populares realizados nas redes sociais podem provocar pressões extremas, frequentemente desprovidas das garantias fundamentais próprias dos processos institucionais de justiça.

Esses fenômenos revelam que a mobilização coletiva digital frequentemente transcende o espaço virtual, desencadeando ações concretas no ambiente offline, como manifestações públicas massivas. Entretanto, deve-se observar com cuidado que as opiniões veiculadas online nem sempre refletem o sentimento social mais amplo, embora frequentemente consigam pautar agendas midiáticas e decisões políticas. Desse modo, sociologicamente, o tecido social contemporâneo é caracterizado pela interação cada vez mais indissociável entre o real e o virtual. Compreender essas dinâmicas complexas tornou-se, portanto, fundamental para interpretar adequadamente o comportamento coletivo brasileiro no contexto sociopolítico do século XXI.

4. Direito

Desafios Jurídicos na Esfera Digital e Mobilizações Online em Decisões Judiciais

No campo jurídico contemporâneo, a emergência e consolidação do ambiente digital têm produzido profundas transformações nos paradigmas regulatórios e institucionais tradicionais. Entre essas transformações, destaca-se especialmente a problemática da jurisdição aplicada aos crimes digitais, a influência crescente das mobilizações digitais em julgamentos e o frequente confronto entre a opinião pública online e as decisões institucionais do Poder Judiciário.

Regulação Jurídica e Crimes Virtuais

A virtualização das relações sociais demanda uma releitura crítica dos conceitos tradicionais do Direito, especialmente no que concerne às fronteiras jurisdicionais. Crimes como *fake news* eleitoral, cyberbullying, vazamentos massivos de dados pessoais e ataques cibernéticos (hacking) exigem respostas regulatórias que transcendam a territorialidade tradicional. O ordenamento jurídico brasileiro respondeu parcialmente a esses desafios através do Marco Civil da Internet (Lei nº 12.965/2014), que instituiu direitos e responsabilidades fundamentais no uso da rede, e da Lei Geral de Proteção de Dados (LGPD, Lei nº 13.709/2018), voltada para a proteção da privacidade e segurança informacional.

Contudo, a questão jurisdicional permanece complexa. A natureza transfronteiriça dos delitos digitais frequentemente envolve provedores internacionais (as chamadas big techs), demandando mecanismos avançados de cooperação jurídica internacional. Campos e Silva (2021), pesquisadores da Universidade de São Paulo (USP), apontam a inovação judiciária brasileira, exemplificada por decisões que determinaram bloqueios de aplicativos como WhatsApp em 2016 e remoções de conteúdos falsos hospedados em plataformas internacionais durante períodos eleitorais. Tais decisões se sustentam no critério do impacto local, embora a eficácia prática desses bloqueios permaneça questionada.

Neste contexto, emerge uma tensão conceitual significativa entre proteção contra desinformação e a preservação do direito constitucional à liberdade de expressão. Juristas como Carlos Affonso Souza (UERJ) indicam que o sistema jurídico brasileiro tenta manter um delicado equilíbrio, recorrendo frequentemente a uma interpretação principiológica da Constituição, mas ainda se encontra em uma zona cinzenta caracterizada pela complexidade das pós-verdades jurídicas.

Influência da Esfera Digital nos Processos Judiciais

Outro fenômeno de destaque é a interferência crescente das redes sociais e da mídia digital em julgamentos emblemáticos, exemplificados pelos casos Mensalão (AP 470) e Operação Lava

Jato. Se, no primeiro, a esfera digital ainda incipiente já sugeria um embrião de pressão pública virtual através de blogs e fóruns, na Lava Jato o panorama transformou-se radicalmente. Milhões de publicações nas redes sociais exigiam punições severas, resultando em um tribunal digital paralelo que não apenas julgava moralmente os acusados, mas também pressionava magistrados e tribunais.

Estudos realizados pela Universidade de Brasília (UnB, 2019) destacam como essa opinião pública digital estabeleceu um ambiente que influenciou decisões judiciais de forma direta ou indireta. Pesquisas empíricas da FGV-Direito SP demonstraram correlação significativa entre mobilizações virtuais, expressas em hashtags como #STFVergonha e #LavaToga, e mudanças no comportamento institucional dos ministros do Supremo Tribunal Federal (STF). Embora oficialmente o discurso jurídico permaneça técnico, é inequívoco que a pressão externa digital se tornou um fator de relevância institucional, afetando não apenas decisões judiciais, mas também estratégias internas de comunicação e gestão pública do Poder Judiciário.

Tensão entre Opinião Pública Online e Independência Institucional

Diante dessa realidade, o Judiciário brasileiro encontra-se frente ao desafio dual de promover maior transparência e interação com o público digitalizado e preservar a independência das decisões judiciais frente a pressões populistas digitais. Juristas proeminentes, como o ex-ministro Celso de Mello, alertam sobre os riscos democráticos impostos pelos chamados "júris populares digitais", que frequentemente tendem a ignorar garantias fundamentais do devido processo legal.

A pesquisa desenvolvida pelo Uniceub sobre o julgamento do Mensalão evidencia o fenômeno do "efeito manada interpretativo", no qual as opiniões dos indivíduos se cristalizam antes mesmo da conclusão formal do julgamento. Tal fenômeno suscita questionamentos fundamentais sobre a extensão legítima da influência da opinião pública digital em processos institucionais, especialmente no tocante à imparcialidade judicial.

Recentes decisões, marcadas por liminares que suspendem decretos após intensa repercussão digital, reforçam a percepção de que o "termômetro virtual" tornou-se um fator determinante nas decisões institucionais. O debate acadêmico-jurídico contemporâneo no Brasil gira em torno de estratégias para resguardar a autonomia judicial, considerando a possibilidade de regulamentações específicas sobre a interação dos magistrados nas plataformas digitais ou, alternativamente, reconhecendo as mobilizações digitais como manifestações democráticas legítimas.

Desafios da Regulação das Big Techs e Liberdade de Expressão

Finalmente, a responsabilidade jurídica e política das grandes plataformas digitais (Facebook, X, YouTube, entre outras) é outro tópico de crucial relevância. Durante a pandemia da COVID-19 e períodos eleitorais recentes, o STF e o Tribunal Superior Eleitoral (TSE) intensificaram ações regulatórias, exigindo a remoção de conteúdos falsos e banimento de perfis fraudulentos. O Projeto de Lei das Fake News (PL 2630/2020), em debate no Congresso, propõe regular de forma detalhada moderação de conteúdo, transparência algorítmica e responsabilização das plataformas por conteúdos nocivos.

Acadêmicos do Instituto de Tecnologia e Sociedade do Rio de Janeiro (ITS-Rio) ressaltam que a regulação deve equilibrar a proteção democrática contra abusos de desinformação com a preservação da liberdade de expressão e o estímulo à inovação digital. Embora haja consenso crescente sobre a necessidade de regulamentação, permanece um embate significativo sobre os limites precisos dessa intervenção estatal, sobretudo devido ao impacto potencial sobre os fundamentos democráticos e o desenvolvimento tecnológico.

Este complexo cenário evidencia a necessidade de um debate acadêmico e institucional aprofundado e permanente, com vistas a construir marcos jurídicos robustos, adaptativos e democráticos na era digital.

5. Política

Influência Digital na Democracia, Participação Cidadã e Poder Informativo das Big Techs: Uma Perspectiva Crítica e Multidimensional

No contexto político contemporâneo, o ambiente digital converteu-se em lócus privilegiado de disputa pelo poder, arena de mobilização cívica e espaço fundamental de formulação e contestação das políticas públicas. Investigadores brasileiros têm empreendido análises aprofundadas sobre os mecanismos pelos quais a influência digital afeta o processo democrático, especialmente ao examinar o papel central das grandes empresas tecnológicas (big techs) na circulação e manipulação informativa.

Processo Democrático e Dinâmica Eleitoral

Desde o início da década passada, as eleições brasileiras testemunharam profundas alterações na dinâmica comunicacional, diretamente condicionadas pela emergência das redes sociais como plataformas centrais do debate político. Pesquisas robustas, como aquelas realizadas pelo CTS/FGV, destacam que já em 2014 o Facebook desempenhou papel decisivo na configuração de estratégias eleitorais, ao passo que em 2018 o WhatsApp emergiu como um fenômeno disruptivo, potencializando a disseminação maciça e descentralizada de conteúdo político. Estudos realizados pela Unicamp (Limeira, 2019) revelaram a extensão e gravidade das campanhas organizadas de desinformação, que mobilizaram recursos midiáticos como imagens descontextualizadas e narrativas conspiratórias, delineando o conceito de "marketing subterrâneo" digital. Tal fenômeno enfraquece os mecanismos tradicionais de controle democrático e accountability, tornando imperioso que órgãos institucionais, como o Tribunal Superior Eleitoral (TSE), implementem iniciativas inovadoras de monitoramento e resposta, a exemplo da criação da Sala de Desinformação (2020).

A reflexão crítica de Marco Ruediger (FGV) ilumina uma dualidade fundamental: por um lado, as plataformas digitais potencializam a participação cidadã ativa, facilitando denúncias, engajamento político e financiamento coletivo; por outro, contaminam a esfera pública com conteúdos pautados por emoções exacerbadas e desinformação, colocando em risco a racionalidade democrática e a integridade do debate público.

Participação Cidadã e Mobilização Digital: Entre Emancipação e Manipulação

O cenário brasileiro ilustra bem as potencialidades e contradições inerentes à mobilização cidadã digital. Projetos exemplares como a plataforma Serenata de Amor, que promove vigilância cidadã a partir de análise de dados públicos, convivem com fenômenos preocupantes como as chamadas "milícias digitais" e "gabinetes do ódio". A CPI das Fake News (2019-2020) evidenciou a existência de estruturas organizadas destinadas à desestabilização política por meio da disseminação de narrativas distorcidas, levantando questões críticas sobre o caráter simultaneamente democratizador e manipulador das redes sociais.

A coexistência destes fenômenos díspares evidencia a complexidade inerente ao ambiente digital e a necessidade de uma reflexão aprofundada sobre este tema. Tal complexidade suscita diversos questionamentos, a começar pela regulação das redes sociais: de que maneira se afigura possível harmonizar a garantia da liberdade de expressão com o imperativo de combater a desinformação e o discurso de ódio? Outro ponto crucial consiste na educação para a cidadania digital, e quais estratégias podem ser implementadas para o desenvolvimento de habilidades nos cidadãos, capacitando-os a utilizar as ferramentas digitais de forma crítica e consciente. Ademais, emerge a questão do papel apropriado do Estado na promoção do uso construtivo das tecnologias digitais e na mitigação de seus usos prejudiciais. Não menos importante se mostra a temática da transparência e responsabilização: como assegurar a transparência dos algoritmos e estabelecer mecanismos de responsabilização para as plataformas digitais em relação ao conteúdo que nelas circula? O cenário brasileiro demonstra com clareza essa ambivalência da mobilização cidadã digital. Por um lado, detém-se o potencial de fortalecer a democracia e impulsionar transformações sociais positivas; por outro, a possibilidade de exploração para fins antidemocráticos e para a disseminação de desinformação se configura como um risco palpável. O futuro da democracia na era digital dependerá, em grande medida, da capacidade coletiva de enfrentar estes desafios e de promover a construção de um ambiente *online* mais equitativo, transparente e democrático.

Nesse contexto, pesquisadores da UFBA (2019) introduziram conceitos fundamentais como "democracia monitorada"— marcada pela vigilância cidadã sobre as ações governamentais através das plataformas digitais — e "democracia de espetáculo", na qual políticos tomam decisões mais preocupados com popularidade efêmera e performance midiática do que com evidências e o interesse público sustentável.

Big Techs e o Poder Informacional

Empresas tecnológicas como Google, Meta, Twitter (X) e TikTok adquiriram um poder informativo sem precedentes na história contemporânea, atuando como gatekeepers (controladores do acesso a informações) do fluxo de informações através de algoritmos opacos. Eventos marcantes no Brasil, tais como a greve dos caminhoneiros (2018) e a circulação intensa de teorias conspiratórias durante a pandemia de Covid-19, destacam o impacto direto das big techs na esfera pública. A centralidade dessas plataformas desencadeou um intenso debate acadêmico e regulatório, questionando se essas empresas devem ser vistas como meras intermediárias neutras ou editoras responsáveis pelo conteúdo que disseminam.

Intelectuais como Sérgio Amadeu (UFABC) ressaltam a periculosidade da "manipulação informativa algorítmica", que, pela ausência de transparência, deixa o público à mercê de mecanismos automatizados que moldam crenças e influenciam decisões políticas em larga escala. A recente proposta legislativa conhecida como "PL das Fake News" reflete precisamente essa crescente percepção sobre os conflitos entre interesses corporativos das plataformas e o interesse público, revelando uma disputa essencial pelo controle discursivo e narrativo da sociedade.

Regulação Digital e os Desafios Contemporâneos

Historicamente pioneiro com o Marco Civil da Internet, o Brasil se encontra atualmente em um momento crucial de atualização normativa, em face de desafios como a regulação algorítmica, controle de deepfakes e proteção da integridade eleitoral online. Documentos e relatórios de instituições como NIC.br e CGI.br fornecem subsídios fundamentais para uma abordagem normativa equilibrada, que busque assegurar simultaneamente liberdade de expressão, inovação tecnológica e responsabilidade social.

Como destaca a jornalista Patrícia Campos Mello, pesquisadora renomada do tema, as disputas pela opinião pública são agora majoritariamente travadas no ambiente digital, o que exige políticas públicas adequadas para garantir a transparência e segurança do espaço cívico.

6. O Multidimensional entre o Real e o Virtual

Ao aprofundar a análise da relação entre o real e o virtual, observa-se uma interação dialética complexa:

Filosoficamente, ou de forma mais específica ontologicamente, a emergência de uma hiper-realidade informacional desafia concepções tradicionais de realidade, estimulando novos enquadramentos epistemológicos que reconhecem o caráter híbrido da experiência contemporânea.

Sociologicamente, observa-se uma fragmentação da esfera pública, intensificada por fenômenos como bolhas informacionais e polarização social decorrentes da desinformação digital.

Juridicamente, o Brasil enfrenta o desafio de redefinir competências e marcos normativos num contexto em que a comunicação digital extrapola fronteiras físicas e jurídicas, exigindo respostas institucionais adequadas para crimes digitais e pressões populares mediadas tecnologicamente.

Politicamente, a dimensão digital tornou-se inseparável do processo democrático, ampliando e ao mesmo tempo distorcendo vozes e percepções coletivas, impondo a necessidade urgente de regular democraticamente as big techs para preservar a integridade do debate público.

Nesse contexto crítico, a produção acadêmica brasileira constitui uma base sólida para navegar as complexidades e contradições inerentes à realidade digital, afirmando-se como essencial para enfrentar desafios políticos, sociais e epistemológicos da era da informação.

PARTE II

AS REDES COMO MEGAFONES DE MÍDIA HEGEMÔNICA

7. Replicação de Conteúdo e Originalidade no Jornalismo Digital Progressista

Introdução

O ecossistema de mídia brasileiro passou por transformações profundas durante a Operação Lava Jato (2014-2018) e nos anos que se seguiram. Nesse período, consolidou-se uma "mídia progressista" – composta por blogs, canais no YouTube e sites de notícias alinhados à esquerda política – que buscou oferecer um contraponto à narrativa da grande imprensa tradicional. Entretanto, levanta-se aqui a tese de que, em termos de produção jornalística, esses canais progressistas produzem pouco conteúdo noticioso original, limitando-se em grande medida a replicar notícias divulgadas pela grande mídia, agregando a elas suas análises e comentários próprios. Este capítulo investiga essa tese em, reunindo pesquisas acadêmicas, dados concretos e conceitos teóricos para compreender: (1) a dinâmica de produção e circulação de notícias no jornalismo digital progressista brasileiro; (2) a relação de dependência e contraste com o modelo tradicional de mídia; (3) a influência da grande mídia sobre esses veículos alternativos, especialmente durante e após a Lava Jato; (4) o grau de originalidade presente nos comentários e análises oferecidos – tanto pelos produtores quanto pelos usuários/seguidores dessas plataformas

– em comparação com o conteúdo factual replicado; e (5) exemplos internacionais que iluminem fenômenos semelhantes.

Para abordar esses pontos, organizamos o capítulo em seções temáticas. Inicialmente, apresenta-se o contexto histórico do surgimento e consolidação da blogosfera progressista no Brasil, situando-o no cenário político conturbado da Lava Jato e seus desdobramentos. Em seguida, discute-se as características do jornalismo digital progressista, incluindo sua estrutura de funcionamento em rede, fontes de conteúdo e padrões de produção noticiosa. Na terceira seção, examina-se a questão central da replicação de conteúdo: até que ponto os sites e blogs progressistas dependem do noticiário da grande mídia, e como eles o reutilizam. Na quarta seção, contrasta-se o modelo de produção dessas mídias alternativas com o jornalismo tradicional, destacando diferenças de recursos, rotinas e alcance, bem como a influência da grande mídia como agenda-setter[1] para os canais progressistas. Na quinta parte, analisa-se a participação do público e o conteúdo das interações (comentários, redes sociais), explorando a originalidade – ou falta dela – nas análises e contribuições dos usuários que seguem essas plataformas. Por fim, incorporam-se perspectivas internacionais relevantes, comparando a experiência brasileira com casos emblemáticos de mídia digital de viés progressista em outros países, para então se concluir com uma síntese dos achados e implicações.

Ao longo do texto, são referenciados estudos acadêmicos de universidades renomadas, livros e artigos de veículos conceituados, que trazem dados e fundamentos conceituais sólidos para sustentar as observações. Essa combinação de literatura acadêmica e exemplos empíricos visa permitir compreender com clareza e profundidade se, de fato, as mídias progressistas brasileiras inovam pouco em termos de pauta e reportagem, atuando majoritariamente como eco da imprensa convencional, pela qual estaria portanto pautada, e quais seriam as causas e consequências desse padrão. Conforme veremos, a literatura aponta que a blogosfera

[1] Aquele que determina o que está "na agenda", ou seja, quais assuntos serão debatidos, priorizados ou ignorados em um determinado contexto.

progressista no Brasil emergiu como uma forma de jornalismo opinativo de contrapoder, valendo-se das possibilidades das redes digitais para curar e redistribuir informações já disponíveis – muitas vezes oriundas dos grandes veículos – adicionando-lhes interpretações alinhadas a perspectivas de esquerda. Essa prática se insere num fenômeno mais amplo identificado por teóricos da comunicação: a passagem do gatekeeping[2] tradicional ao gatewatching[3], no qual atores alternativos não têm o monopólio da apuração de primeira mão, mas monitoram e criticam as informações de fontes oficiais e da mídia estabelecida. Ao aplicar esses conceitos ao caso brasileiro recente, pretende-se desvendar em que medida a mídia progressista trouxe novidade ou apenas reproduziu o noticiário hegemônico, e qual foi seu papel político-cultural durante a Lava Jato e além.

8. Contexto: Lava Jato, Imprensa Tradicional e o Surgimento da Blogosfera Progressista

Para entender a dinâmica entre mídia progressista e grande mídia, é crucial situar o momento histórico da Lava Jato. A Operação Lava Jato, deflagrada em 2014, foi amplamente coberta pelos grandes veículos jornalísticos brasileiros – Rede Globo, Folha de S.Paulo, O Estado de S.Paulo, Revista Veja, entre outros – com forte ênfase em denúncias de corrupção envolvendo figuras do alto escalão político, especialmente ligadas aos governos do

[2] **filtro** exercido por certos atores ou instituições, que decidem o que será permitido.

[3] Em vez de filtrar e decidir os gatewatchers observam, selecionam e redistribuem informações de forma mais democrática e descentralizada.

Partido dos Trabalhadores (PT). Essa cobertura massiva moldou a opinião pública e os rumos políticos, contribuindo para a erosão da popularidade do governo Dilma Rousseff, seu impeachment em 2016, e a prisão do ex-presidente Luiz Inácio Lula da Silva em 2018. Pesquisas posteriores indicaram que setores da grande mídia atuaram em parceria informal com agentes da Lava Jato para direcionar enquadramentos políticos – por exemplo, vazamentos seletivos de delações premiadas eram divulgados em horários nobres, amplificando seu impacto na população.

A mídia tradicional brasileira é notoriamente concentrada e historicamente influente; mesmo após a redemocratização (1985), ela manteve capacidade de pautar debates nacionais. Durante a Lava Jato, consolidou-se uma narrativa dominante nos meios hegemônicos associando o PT à corrupção sistêmica, narrativa essa que foi questionada apenas marginalmente, até que revelações com a série de vazamentos "Vaza Jato" em 2019 expuseram a parcialidade do processo.

Paralelamente a esse processo, havia desde o final dos anos 2000 o embrião de uma mídia alternativa de cunho progressista, composta em grande parte por jornalistas experientes que migraram para a internet buscando um espaço de opinião fora das amarras das empresas tradicionais, cuja opinião já é dada em editoriais, restando ao jornalista seguir a linha adotada.

Esses jornalistas se autodenominaram "blogueiros progressistas" (também ironicamente chamados de *"blogueiros sujos"*, após um insulto proferido em 2010 pelo então candidato José Serra). Em 2011, organizaram o 1º Encontro Nacional de Blogueiros Progressistas, que daria origem ao Centro de Estudos da Mídia Alternativa Barão de Itararé, uma entidade de excelência voltada a articular e capacitar a blogosfera alternativa.

Nomes como Luis Nassif (Jornal GGN), Paulo Henrique Amorim (Conversa Afiada), Rodrigo Vianna (Escrevinhador), Paulo Nogueira (Diário do Centro do Mundo), Fernando Brito (Tijolaço), Luiz Carlos Azenha (Viomundo), Cynara Menezes (Socialista Morena) e outros criaram sites e blogs para difundir informações e análises a partir de uma ótica declaradamente de esquerda. Muitos deles tinham longas carreiras na grande imprensa – por exemplo, Paulo Henrique Amorim havia sido âncora do Jornal da Globo e do Domingo Espetacular; Azenha foi repórter na Globo; Luis Nassif integrou o conselho editorial da Folha; Paulo Nogueira foi diretor na Editora Abril. Ou seja, tratava-se de jornalistas insiders do sistema tradicional, que passaram a atuar em plataformas próprias na internet, mesclando suas credenciais profissionais à liberdade de "jornalismo de opinião" engajado.

Esse movimento inicial da blogosfera progressista ganhou força durante os governos Lula e Dilma (2003-2016), período em que tais blogs se posicionaram como defensores críticos do campo governista e denunciantes da parcialidade midiática. A literatura descreve esse jornalismo como "jornalismo que tem lado", em oposição à retórica de imparcialidade: assumidamente opinativo e situado ideologicamente.

Guazina (2013), por exemplo, analisou a identidade profissional desses blogueiros e constatou que eles veem seus blogs como espaços de diversidade de opinião em contraste à homogeneidade percebida na mídia tradicional, e consideram que sua principal função é atuar de forma vigilante em relação aos poderes instituídos – incluindo a própria mídia tradicional, encarada por eles como um ator político de grande relevância. Em outras palavras, a mídia progressista se entendia desde o início não como mera replicadora da agenda dominante, mas como fiscal dos abusos e omissões da grande mídia, oferecendo aos leitores uma perspectiva alternativa sobre os fatos do dia.

Durante a Lava Jato, esse ethos de contraponto se intensificou. Os veículos progressistas denunciavam o que chamavam de "golpismo midiático" – a ideia de que a grande imprensa, aliada a setores judiciais e econômicos, estaria manipulando a operação anticorrupção para fins políticos (enfraquecer o campo progressista e viabilizar um governo alinhado à direita).

Portais como Brasil 247/TV 247, Diário do Centro do Mundo (DCM), Revista Fórum, Jornal GGN, Opera Mundi, Carta Maior, entre muitos outros, cobriram diariamente os desdobramentos da Lava Jato, porém buscando reinterpretar as notícias sob outro ângulo. Por exemplo, quando a grande mídia destacava acusações contra Lula, esses sites frequentemente questionavam a solidez das provas, apontavam contradições dos delatores ou lembravam o envolvimento de adversários do PT que recebiam menos atenção. Em essência, entretanto, as matérias-base eram as mesmas divulgadas pelos grandes jornais e revistas – já que a força-tarefa da Lava Jato alimentava principalmente esses veículos tradicionais com exclusivas e vazamentos. A novidade advinda da mídia progressista estava no enquadramento crítico e nas opiniões emitidas, e não no furo jornalístico original. De fato, ao longo de toda a Lava Jato, os maiores furos de reportagem partiram ou de órgãos tradicionais (como Folha de S.Paulo, que revelou conversas grampeadas de Dilma e Lula em 2016) ou de iniciativas estrangeiras/independentes de grande porte (como o *Intercept Brasil*, que divulgou as mensagens secretas da força-tarefa em 2019). Os blogs e canais progressistas repercutiam essas revelações e adicionavam comentário, mas raramente originaram novas informações de impacto nacional por conta própria.

Importa ressaltar que a assimetria de recursos entre a mídia tradicional e a alternativa explica em parte esse comportamento. Carvalho, Albuquerque e Santos Jr. (2020) sublinham que, apesar da enorme disparidade de recursos entre a grande mídia e a Blogosfera Progressista (BP), esta última conseguiu contrapor eficazmente os enquadramentos políticos dos grandes meios graças a estratégias de rede e uso intensivo das mídias sociais. Ou seja, mesmo sem os investimentos, equipes numerosas e acesso privilegiado a fontes institucionais de que dispõe a grande imprensa, os blogs progressistas aproveitaram as ferramentas digitais para amplificar seu discurso e desafiar a hegemonia narrativa. No entanto, contrapor enquadramentos não é o mesmo que produzir jornalismo investigativo inédito. A falta de recursos (humanos, financeiros e técnicos) limitou a capacidade dos veículos alternativos em realizar coberturas diretas ou reportagens exclusivas durante a Lava Jato. Em vez disso, consolidou-se um modelo em que esses sites funcionavam muitas vezes como "curadores" do noticiário diário: monitoravam as agências de notícia e os portais convencionais, selecionavam o que consideravam mais relevante ou enviesado, e republicavam em seus espaços acompanhado de análise crítica. A seguir, examinaremos mais de perto esse modelo de produção de conteúdo da mídia progressista digital, contrastando-o com o jornalismo tradicional.

9. Jornalismo Digital Progressista: Estrutura em Rede e Produção de Conteúdo

Organização e Rede da Blogosfera Progressista

A mídia progressista brasileira configura-se menos como empresas jornalísticas tradicionais e mais como uma rede de indivíduos e coletivos interconectados por afinidades político-ideológicas. Ao contrário das redações hierárquicas dos grandes jornais, a blogosfera progressista opera de forma relativamente descentralizada, embora haja pontos de articulação importantes. Um desses pontos é o já citado Barão de Itararé, que atua como uma espécie de instituição de apoio e coordenação: ele promove encontros, capacitações e mantém os blogueiros alinhados em um projeto comum de mídia alternativa. Pesquisadores descrevem essa rede como tendo uma estrutura verticalizada de colaboração, em que diversos blogs e páginas compartilham conteúdos uns dos outros e adotam políticas de parceria explícitas (como troca de links e referências em *blogrolls*[4]) para ampliar seu alcance. Carvalho (2017)

[4] lista de links para outros blogs ou sites que um blogueiro recomenda ou considera relevantes.

caracteriza a blogosfera progressista como um verdadeiro "ecossistema midiático em rede", no qual os integrantes atuam em conjunto – "em bando", como coloca a autora – para aumentar o impacto de suas mensagens. Por exemplo, é comum que uma denúncia ou artigo de opinião publicado em um blog progressista seja rapidamente replicado por outro, ou discutido em uma live de YouTube no mesmo dia, garantindo que a informação circule amplamente entre o público alinhado.

Um aspecto notável é que muitos destes blogueiros/produtores exercem duplas funções: além de tocar seus projetos independentes, alguns mantiveram (ou mantêm) vínculos com veículos tradicionais ou com instituições políticas. Carvalho et al. (2020) notam que vários membros da Blogosfera Progressista transitaram pelas redações convencionais antes de aderir à blogosfera, e alguns conciliam ambas as atividades. Essa ambiguidade nas identidades – jornalista profissional versus ativista digital – confere a eles certa autoridade jornalística (derivada de seu passado em grandes órgãos) ao mesmo tempo em que os libera para uma atuação militante na esfera online.

Ainda segundo Carvalho et al., os blogueiros progressistas costumam argumentar que os meios tradicionais não praticam um "jornalismo de verdade", por estarem comprometidos com interesses econômicos e políticos. Assim, veem a si próprios como os que fazem o "jornalismo autêntico e vigilante", mesmo que para isso adotem métodos não convencionais e claramente opinativos. Essa mentalidade ajuda a explicar por que se julgam no direito – e até no dever – de reproduzir e reinterpretar matérias da grande mídia: para eles, trata-se de reapropriar a informação deturpada e colocá-la "no seu devido contexto" perante o público. De fato, a função autorreferida da mídia progressista é a de vigiar a mídia hegemônica, a qual enxergam como parte do sistema de poder a ser fiscalizado.

Em termos de alcance, a rede progressista cresceu significativamente graças às mídias sociais. No Facebook, páginas ligadas a esses sites formaram comunidades robustas desde meados da década de 2010. Carvalho et al. (2020) apresentam um mapeamento (Figura 1 em seu artigo) das interações no Facebook, mostrando a constelação de páginas da BP conectadas a páginas de políticos de esquerda (como Dilma Rousseff, Lula, PT) e a veículos alternativos como Mídia Ninja e The Intercept Brasil. A posição central de alguns nós (como o próprio Barão de Itararé) indica seu papel de distribuição de conteúdo na rede. Assim, mesmo sem integrar formalmente um mesmo grupo midiático, os diversos blogs e canais progressistas acabaram formando um "consórcio" de conteúdo de fato, onde cada um potencializa as postagens do outro. Essa lógica de colaboração estruturada em rede difere do modelo competitivo tradicional entre jornais, ilustrando um novo paradigma de atuação coletiva na esfera jornalística digital.

10. Curadoria de Notícias vs. Reportagem Original

Uma das questões centrais acerca do jornalismo digital progressista é: de onde vêm as notícias que esses veículos publicam? Ao analisar o conteúdo de portais como ICL, Brasil 247, DCM, Fórum, GGN e outros, percebe-se um padrão recorrente: grande parte das notícias reportadas nesses sites não foi apurada originalmente por eles, mas sim obtida de outras fontes – frequentemente, a própria grande mídia ou agências de notícias. Estudos sobre blogs noticiosos no Brasil identificaram tipologias de atuação que corroboram essa observação. Bailey e Marques (2012), ao examinarem a relação entre blogs de notícias e organizações jornalísticas tradicionais, destacam que muitos blogs independentes funcionavam meramente como "repositórios de notícias produzidas em outros lugares". Nesses casos, o blog serve basicamente para republicar conteúdo alheio, possivelmente com algum comentário adicionado. Essa categoria difere, por exemplo, de blogs que trazem principalmente opiniões originais do autor ou daqueles mantidos por jornalistas da mídia tradicional nos portais dos grandes grupos. No contexto brasileiro, diversos blogs progressistas se enquadram nessa descrição de repositórios de notícias de terceiros – ainda que, na prática, haja uma combinação dos modelos (notícia reproduzida + análise opinativa).

Para entender esse fenômeno, é útil recorrer ao conceito de gatewatching, desenvolvido por Axel Bruns (2011) para descrever o papel de blogueiros e comentaristas online frente ao jornalismo convencional. Bruns afirma que, na era digital, o antigo monopólio da mediação exercido pela imprensa (gatekeeping) é desafiado por praticantes do gatewatching, isto é, atores que "não reportam a notícia em primeira mão, mas curam e avaliam as notícias fornecidas por fontes oficiais". Essa curadoria inclui criticar, corrigir e reinterpretar as informações divulgadas pelos meios tradicionais, oferecendo assim um serviço importante ao público. É exatamente o que faz a mídia progressista: ela se posiciona como observadora atenta das pautas que a grande mídia libera, selecionando e retransmitindo certos conteúdos com outro viés. Em lugar de investir tempo e recursos levantando dados inéditos (função típica do repórter investigativo), esses comunicadores se concentram em acompanhar em tempo real o noticiário corrente e reagir a ele.

Durante a Lava Jato, por exemplo, a rotina de sites como Brasil 247 ou Fórum consistia em reproduzir as manchetes e revelações veiculadas pelos jornais do dia – audiências de delação, decisões judiciais, falas de procuradores – e então produzir matérias interpretativas ou artigos de opinião a respeito. Muitas vezes, o próprio texto noticioso era em grande medida derivado de uma nota da Folha, do G1 ou de agências como Reuters, apenas com pequenas alterações editoriais e um título mais alinhado à perspectiva do site. A originalidade vinha na seção de opinião ou na análise complementar: os editores e colunistas progressistas contextualizavam a notícia de forma a enfatizar pontos que, segundo eles, a mídia mainstream teria omitido ou distorcido. Esse padrão não significa que inexista conteúdo autoral na mídia progressista – há entrevistas exclusivas, colunas assinadas por intelectuais de esquerda, cobertura de atos de movimentos sociais etc. No entanto, o cerne informativo (os fatos "duros") tende a ser pescado de outras fontes. Em entrevistas levantadas por Guazina (2013), os blogueiros admitiam que o processo de produção comercial das notícias na mídia tradicional é "engessado", não abrindo espaço para visões plurais. Assim, eles viam suas plataformas online como um espaço para dar essa visão alternativa, mas não necessariamente para produzir notícia nova em si.

Um caso concreto ilustra essa dinâmica: em julho de 2017, quando o juiz Sergio Moro condenou Lula em primeira instância no caso do tríplex, a sentença foi divulgada pela grande mídia quase imediatamente. Os sites progressistas replicaram rapidamente a notícia da condenação, citando as informações básicas da decisão judicial tal qual reportadas pela imprensa. Minutos ou horas depois, publicaram artigos questionando a sentença – criticando a falta de provas materiais e apontando motivações políticas. Porém, as informações fatuais centrais (pena imposta, trechos do despacho, repercussão política inicial) vieram essencialmente dos mesmos despachos noticiosos distribuídos pelas agências e portais convencionais. O valor agregado pelo Jornal GGN ou pelo GGN foi a interpretação crítica – por exemplo, um texto de Luis Nassif contextualizando a sentença na "guerra jurídica" contra o PT, ou uma matéria no DCM compilando reações de juristas de esquerda contrários à decisão. Esse modus operandi repete-se em inúmeros eventos: da cobertura de votações no Congresso ao resultado de eleições e decisões do STF.

Raramente a mídia progressista fura a grande imprensa quanto ao acontecimento em si; o que ela faz é repercutir o acontecimento com outra lente analítica.

Vale mencionar que essa característica não é exclusiva dos blogs progressistas brasileiros – ela faz parte de um fenômeno global na era da informação digital. Muitos sites noticiosos de viés político, tanto à esquerda quanto à direita, baseiam seu conteúdo em agregação de notícias de terceiros. Um exemplo internacional contundente é o do Huffington Post nos Estados Unidos. Conhecido por sua linha liberal, o HuffPost cresceu como um dos sites de política mais acessados justamente combinando blogagem opinativa e agregação massiva de notícias de outras fontes. Observadores da mídia notam que o Huffington Post (fundado em 2005 por Arianna Huffington) sempre foi "parte blog, parte agregador de notícias", atuando mais como um "empacotador de informações" do que como gerador de reportagens inéditas.

Segundo análise publicada no *The Gateway*, "*a finalidade* [*do HuffPost*] *não é descobrir histórias inéditas... a finalidade é vasculhar matérias geradas pela mídia mainstream, dar a elas um viés liberal e colocá-las ao lado de posts de blog*". O autor ressalta que a maioria das informações supostamente "novas" no site nada mais é do que republicação do trabalho feito por organizações como o New York Times, Washington Post etc, sendo o conteúdo original "verdadeiramente escasso".

Guardadas as devidas proporções, não é difícil enxergar a similaridade com os portais progressistas brasileiros: eles atuam como "Huffington Posts tropicais", realizando uma *sift through* (peneira) do noticiário existente e reordenando-o numa perspectiva de esquerda. Como aponta ainda o artigo, muitos leitores incautos podem até confundir esses agregadores com fontes primárias de jornalismo, sem perceber que "as notícias que colhem nesses sites frequentemente foram canalizadas de outro lugar da web". Essa crítica sublinha o ponto central desta discussão: a dependência estrutural das mídias progressistas em relação à imprensa convencional para a obtenção de matérias-primas informativas.

II. Circulação nas Redes Sociais e Engajamento do Público

A circulação de notícias na esfera digital progressista depende fortemente das redes sociais e da participação ativa do público alinhado. Diferentemente do modelo tradicional em que o veículo entrega o conteúdo pronto ao consumidor passivo, no ecossistema online os usuários também são agentes de distribuição e até de produção (via comentários, compartilhamentos e *feedback* imediato). Os canais progressistas souberam explorar isso a seu favor, construindo comunidades de seguidores fiéis que repercutem suas publicações e ajudam a ampliar seu alcance. Por exemplo, a TV 247 (canal de vídeo vinculado ao site Brasil 247) tornou-se conhecida por suas *lives* diárias com debates políticos, frequentemente com ampla participação do público por meio do chat ao vivo e de comentários que são lidos pelos apresentadores durante o programa. Essa interação em tempo real cria um senso de comunidade engajada, reforçando laços entre o veículo e sua audiência.

No Facebook e no Twitter, os links das matérias dos sites progressistas são compartilhados principalmente dentro de bolhas de afinidade política. Estudos sobre polarização e "câmaras de eco" online sugerem que usuários engajados politicamente tendem a consumir e difundir conteúdo alinhado às suas crenças, interagindo mais em ambientes ideologicamente homogêneos (SUNSTEIN, 2001). Assim, uma notícia publicada na Revista Fórum criticando a Lava Jato será intensamente compartilhada em grupos e perfis de esquerda, alcançando milhares de pessoas com visão similar, mas dificilmente "fura a bolha" para alcançar leitores fora desse círculo. O resultado é um circuito informacional quase fechado: os veículos progressistas reapresentam notícias oriundas da grande mídia com viés progressista, e os leitores progressistas consomem e recirculam essas notícias entre si, acrescentando seus próprios comentários favoráveis. Cria-se uma espécie de espelho midiático invertido: de um lado, a grande mídia pautando tudo, inclusive o assunto e fornecendo os dados brutos; de outro, a rede progressista refletindo esse conteúdo para um público específico, adicionando tintas opinativas condizentes com as expectativas desse público.

Um fenômeno observado é que os usuários seguidores dessas mídias frequentemente atuam também como produtores de conteúdo derivado, ao menos sob a forma de comentários e discussões que ampliam a narrativa original. Entretanto, surge a pergunta: quão originais são as contribuições dos leitores/usuários nessas plataformas? Eles estariam apenas reproduzindo argumentações já conhecidas – ou seja, ecoando as opiniões dos blogueiros – ou trazem novos ângulos e informações ao debate? Pesquisas específicas sobre sessões de comentários de sites brasileiros progressistas são escassas, mas a literatura geral indica que comunidades online politicamente homogêneas tendem à reafirmação de crenças mais do que ao contraditório ou à inovação de ideias. Isso sugere uma certa pobreza de originalidade no debate interno, que muitas vezes se resume a concordar com o autor e insultar os adversários (no caso, figuras da direita ou da grande mídia). De fato, um efeito colateral do formato de agregação de conteúdo é que *se* o veículo progressista não introduz fatos novos, dificilmente seu público o fará nos comentários – já que todos estão reagindo aos mesmos insumos informativos. O que se observa, então, é mais uma variedade de enfoques opinativos pessoais (uns mais moderados, outros mais indignados, alguns adicionando lembranças históricas ou comparações) do que a introdução de dados inéditos trazidos espontaneamente pelos usuários.

Por outro lado, a participação do público serve como termômetro e realimentação em tempo real para os blogueiros/jornalistas progressistas. Se determinada pauta replicada da grande mídia repercute fortemente e gera discussão fervorosa nos comentários, isso retroalimenta a cobertura: o site progressista pode produzir ainda mais conteúdo opinativo sobre aquele tema no dia seguinte, aprofundando a análise dentro do enquadramento que seu público aprovou. Esse mecanismo de *feedback loop* pode ser visto, por exemplo, na cobertura do caso *Vaza Jato* em 2019: a cada nova leva de mensagens divulgada pelo Intercept, os sites progressistas publicavam matérias destacando os trechos mais comprometedores para Moro e Dallagnol; a audiência reagia massivamente nas redes (com compartilhamentos, memes, comentários de revolta); em resposta, os mesmos sites traziam artigos opinativos elogiando a "bomba jornalística" e pedindo consequências políticas. Nessa dinâmica, o público não fornece novas informações, mas confere respaldo emocional e político às linhas de argumentação adotadas pelos veículos. Em outras palavras, os usuários agem como uma comunidade interpretativa, co-produzindo o sentido daquela notícia dentro do universo progressista, ainda que não produzam a notícia em si.

Um ponto importante é que a própria arquitetura das plataformas incentiva a difusão rápida de conteúdo de terceiros. No modelo do compartilhamento e do retuíte, é valorizado quem consegue postar primeiro sobre determinado assunto, mesmo que seja repassando o furo alheio. Os blogs progressistas, ao replicarem rapidamente as notícias da grande mídia com seus comentários, garantem presença nas timelines e alimentam seu público antes que este vá buscar a informação diretamente na fonte original. Isso reduz a evasão de audiência: o leitor de esquerda pode nem precisar acessar o portal da Globo para saber o que ocorreu, pois o ICL ou o Brasil 247 já lhe entregou a notícia (filtrada). Por outro lado, essa prática levanta questões de ética e propriedade intelectual. Em casos extremos, pode se aproximar do "*over-aggregation*[5]", em que quase todo o conteúdo de uma matéria alheia

[5] (ou "superagregação") é um termo usado para descrever uma prática em que plataformas, sites ou serviços agregam e republicam grandes quantidades de conteúdo de outras fontes, muitas vezes sem adicionar valor significativo ou sem respeitar adequadamente os direitos autorais e a autoria original. Esse fenômeno é comum em ambientes digitais, especialmente em sites de notícias, agregadores de conteúdo e plataformas de mídia social.

é reproduzido, com pouca transformação além de um parágrafo opinativo – algo que já rendeu críticas e discussões também nos EUA, como quando o Huffington Post foi acusado de "pilhar" conteúdo de veículos tradicionais para ganhar cliques.

Apesar das controvérsias, o fato é que a agregação se tornou uma prática difundida e socialmente aceita na web, e os progressistas brasileiros a utilizam como meio de democratizar o acesso à informação (em sua visão). Eles alegam estar prestando um serviço ao repercutir matérias relevantes que, de outra forma, poderiam passar despercebidas pelo público não leitor da grande mídia. Isso remete à ideia de que parcela do público de blogs progressistas busca deliberadamente evitar a grande mídia por considerá-la ideologicamente enviesada, preferindo consumir notícias já "filtradas" pelos comunicadores de confiança. A demanda por uma perspectiva alternativa fez com que "os membros do público buscassem ativamente diversidade de fontes de notícia e perspectivas além dos discursos fornecidos apenas pela mídia mainstream". Em suma, há um pacto implícito entre os veículos progressistas e sua audiência: o público concede legitimidade e audiência, e em troca os veículos oferecem não necessariamente uma apuração jornalística inédita, mas sim uma curadoria informativa alinhada aos valores do grupo.

12. A Grande Mídia como Fonte e Agenda-Setter

Conforme discutido, os canais progressistas dependem largamente do conteúdo produzido pela grande mídia. Em termos de fluxo informativo, a relação é assimétrica: a pauta nasce na mídia hegemônica e é retrabalhada na alternativa. Isso configura um caso de intermedia agenda-setting, em que os meios tradicionais, pela sua capilaridade e influência, acabam definindo os assuntos do dia inclusive para os veículos alternativos. Albuquerque (2019) observa que apesar das mudanças na esfera midiática, a grande imprensa brasileira ainda retém poder considerável de influenciar agendas políticas e narrativas. Durante a Lava Jato, por exemplo, se a capa do Jornal Nacional trazia uma nova denúncia contra certo político, imediatamente aquilo dominava a conversa pública – e, portanto, os blogs progressistas sentiam-se compelidos a abordar o assunto também, mesmo que fosse para criticá-lo. Ignorar completamente a pauta significaria possivelmente perder relevância no debate daquele dia. Desse modo, paradoxalmente, mesmo os comunicadores que se propõem a romper com a hegemonia midiática acabam seguindo sua pauta básica, ainda que para contestá-la.

Essa dependência se manifesta inclusive na linguagem e formato das notícias reproduzidas. Muitas matérias nos sites progressistas seguem a estrutura clássica (lide, contextualização, aspas de fontes) idêntica à publicada pela fonte original mainstream, mudando apenas detalhes. Quando a Folha de S.Paulo ou o G1 publica, por exemplo, "Ministro X é denunciado por Y", rapidamente aparece no 247 ou DCM algo como "Ministro X é denunciado por Y, diz jornal" – incorporando trechos inteiros do texto original e creditando-o. Às vezes nem isso: alguns portais alternativos menos rigorosos chegavam a copiar notícias inteiras das agências sem dar o crédito visível, prática que beira o plágio. Os mais estabelecidos, porém, costumam citar a procedência ("segundo reportagem do jornal Z") e adicionar o comentário opinativo depois.

Um fator que reforça essa replicação é a escassez de recursos de apuração nos veículos progressistas. Sem equipes numerosas de repórteres, eles precisam se apoiar no trabalho já feito por redações maiores. Essa lógica de *outsourcing* da reportagem faz com que os blogs de opinião brasileira sejam muitas vezes reativos, não proativos, em termos de conteúdo noticioso. Eles reagem às informações que outros levantaram, em vez de produzirem a notícia do zero. Academicamente, isso os posiciona mais próximos do jornalismo interpretativo do que do jornalismo investigativo.

Enquanto o jornalismo interpretativo tradicional (p.ex., colunistas de política em jornais) também parte de notícias públicas para tecer análises, a diferença é que os blogueiros progressistas não contam com uma redação por trás gerando um fluxo constante de factual – eles precisam pegar esse factual de fora. Em essência, atuam como comentadores especializados do noticiário corrente.

Entretanto, é importante frisar que essa replicação não é puramente passiva. Os blogs e sites progressistas fazem frequentemente a ressignificação do conteúdo reproduzido. Ou seja, mudam o enquadramento (*framing*) da notícia ao apresentá-la em seus domínios. A seleção do título, das informações destacadas e da ordem da narrativa pode alterar significativamente a percepção. Por exemplo, uma mesma declaração de um procurador da Lava Jato poderia virar manchete no portal da Globo como "Procurador aponta Lula como chefe de esquema" e, no portal progressista, aparecer como "Procurador de Lava Jato volta a acusar Lula sem provas". O fato base é o mesmo, mas a ênfase e terminologia diferem frontalmente. Estudos sobre enquadramento midiático mostram como pequenas variações podem induzir interpretações divergentes no público. Os progressistas exploraram isso para contrabalançar os enquadramentos negativos da grande mídia em relação a figuras de esquerda. Essa postura é respaldada por dados da pesquisa de Carvalho et al., que apontam que a BP conseguiu "contrapor efetivamente os enquadramentos políticos da mídia mainstream" durante os anos 2010. Em outras palavras, embora replicassem o noticiário originado na grande imprensa, os comunicadores progressistas frequentemente reorientavam o foco ou adicionavam contexto omitido, oferecendo ao público uma versão (às vezes radicalmente) diferente da história.

Contudo, essa ressignificação tem limites impostos justamente pela necessidade de manter credibilidade factual. Os blogs progressistas mais influentes raramente inventavam fatos ou propagavam fake news descaradas (diferentemente do ecossistema de direita radical que emergiu posteriormente, notório por difundir notícias totalmente falsas sem base na mídia tradicional). Ao contrário, os progressistas se mantinham dentro do universo factual trazido pela imprensa estabelecida, disputando a narrativa no campo da interpretação. Isso em certo sentido legitima a crítica de que eles não traziam "nada de novo" – afinal, se toda informação já estava no jornal ou no release oficial, o que acrescentam? Os defensores desses blogs diriam que acrescentam a "verdade por trás dos fatos", algo intangível em termos de dados, mas relacionado à crítica ideológica e à memória histórica (por exemplo, lembrar o leitor do histórico de parcialidade de tal juiz, ou contextualizar a denúncia atual em comparativo com casos semelhantes não perseguidos contra políticos de direita). Trata-se, portanto, de uma originalidade no discurso, e não no dado. Esse ponto será aprofundado na próxima subseção.

13. Originalidade dos Comentários e Análises

Enquanto o conteúdo bruto reproduzido dos grandes meios carece de ineditismo, pode-se argumentar que as opiniões e análises oferecidas pela mídia progressista são originais no sentido de refletirem perspectivas próprias (e não simplesmente copiadas da mídia tradicional). De fato, a opinião é o produto original por excelência nesses veículos. Cada comentarista progressista desenvolveu um estilo e uma linha de raciocínio específica, que o público consome justamente por sua personalidade. Se a notícia é "commodity" (circula igual em todo lugar), a interpretação é personalizada. Assim, Luis Nassif fará uma análise econômica-jurídica detalhada que um Reinaldo Azevedo (quando ainda alinhado à direita) jamais faria; a equipe do Brasil 247 adotará um tom combativo pró-PT que nenhum veículo mainstream teria; a Fórum trará vozes de movimentos sociais que dificilmente aparecem na grande imprensa. Em suma, a curadoria ideológica é a marca distintiva.

No entanto, cabe questionar: até que ponto essas análises são inovadoras e fundamentadas, ou se tornaram também uma espécie de eco de si mesmas? Uma crítica possível seria a de que muitos dos blogs progressistas acabaram caindo em uma linha previsível de defesa do campo político que apoiam, sem autocrítica ou renovação de argumentos. Ou seja, suas opiniões seriam "próprias" apenas no sentido de não emanarem da mídia tradicional, mas não necessariamente originais no sentido de surpreender ou trazer ângulos inéditos – muitas vezes recaindo em argumentos repetitivos ou teorias já conhecidas dentro da bolha da esquerda. Por exemplo, ao longo dos anos de Lava Jato, tornou-se lugar-comum nesses círculos a tese do "golpe jurídico-midiático" articulado pelos EUA contra o Brasil. Embora essa tese pudesse ter fundamentos a considerar, o que apesar de ser verdadeira não faz, sua repetição à exaustão em quase todos os episódios acabou perdendo força explicativa, tornando-se um mantra mais do que uma hipótese investigativa refinada. Desse modo, mesmo o campo analítico corre o risco de estagnação quando não alimentado por novos fatos ou reflexões pluralistas.

Um aspecto a se reconhecer é que os blogueiros progressistas, em diversos momentos, fizeram um trabalho de memória e conexão de pontos que a grande mídia deliberadamente ignorava. Por exemplo, sempre que surgia uma acusação contra Lula, eles recordavam ao público casos não solucionados envolvendo políticos da oposição (como escândalos do PSDB) para evidenciar tratamento desigual. Essa costura histórica é um elemento original importante – funcionou como uma memória institucional alternativa. Eles também deram voz a juristas, economistas e intelectuais dissidentes do consenso midiático, por meio de entrevistas e artigos convidados. Assim, abriram espaço para um discurso contra-hegemônico que enriqueceu o debate público em certa medida. Estudos como o de Moreira (2016) mencionam que a mídia brasileira é uma das mais concentradas do mundo, e que espaços de contestação são preciosos.

A blogosfera progressista veio justamente ocupar esse espaço de contestação, permitindo que visões críticas circulassem quando talvez estivessem ausentes nos jornalões. Sob esse prisma, há uma contribuição democrática: ainda que não trouxessem "furos", trouxeram pluralidade discursiva. A própria existência de um discurso alternativo organizado já é, de certa forma, uma inovação no ambiente midiático dominado historicamente por poucas vozes.

Mesmo assim, do ponto de vista estritamente jornalístico, a falta de reportagens originais é uma limitação evidente. A grande imprensa, com todos os seus vieses, continuou a ser praticamente a única a realizar investigações robustas sobre corrupção, a cobrir in loco operações policiais, a checar dados oficiais etc., durante aquele período. Isso significa que a mídia progressista raramente pautou a agenda geral – ao contrário, reagiu a ela. Um dos poucos momentos em que a mídia alternativa assumiu o protagonismo foi com o *Intercept* e a Vaza Jato, mas note-se que o Intercept tem uma estrutura e financiamento diferentes (tratava-se de um projeto jornalístico internacional, fundado pelo norte-americano Glenn Greenwald, com recursos de fundações estrangeiras). Os blogs nacionais, por sua vez, ficaram com o papel de repercutir até mesmo o furo do Intercept. Em linhas gerais, portanto, a tese inicial se confirma: no campo factual, os sites e redes progressistas pouco produziram de novo; no campo opinativo, produziram conteúdo próprio, porém geralmente calcado em visões já estabelecidas dentro do espectro progressista.

Comparações Internacionais

A relação entre mídias alternativas progressistas e mídia mainstream observada no Brasil pós-Lava Jato não é única. Em diversos países, sobretudo com o advento da internet 2.0, surgiram portais e blogs politicamente engajados que atuam de forma semelhante. Já mencionamos o caso do Huffington Post nos EUA, que nasceu como agregador liberal de notícias de terceiros. Esse modelo também é visível em outros exemplos: o site Daily Kos (EUA), de orientação democrata, construiu sua comunidade basicamente comentando notícias políticas do dia e mobilizando leitores em torno delas, sem necessariamente produzir jornalismo investigativo próprio. No Reino Unido, The Canary – um site de esquerda criado na esteira do apoio a Jeremy Corbyn – tornou-se conhecido por suas manchetes fortemente opinativas e pró-trabalhistas, muitas vezes baseadas em informações já publicadas pela BBC ou pelos jornais tradicionais, porém reapresentadas com viés militante. De modo geral, a mídia digital de viés político tende a funcionar mais como "media watchers" e amplificadores de narrativas do que como fontes primárias de apuração. Um paralelo interessante é com a direita alternativa: sites conservadores ou populistas, como o Drudge Report (EUA) ou Breitbart News, também majoritariamente se alimentam do noticiário estabelecido para então deturpá-lo ou enfatizá-lo conforme sua agenda. O Drudge Report, por exemplo, foi chamado de "o análogo conservador" do HuffPost – ambos compilam manchetes alheias e lhes atribuem destaque sob determinado enquadramento ideológico.

Entretanto, há diferenças importantes. Em vários casos internacionais, a mídia alternativa progressista acabou, com o tempo, desenvolvendo um jornalismo original mais robusto: o próprio HuffPost investiu em repórteres e ganhou prêmios (inclusive um Pulitzer) por reportagens investigativas, tentando se legitimar além da agregação.

No Brasil, alguns veículos progressistas também buscaram esse caminho pós-2018: a Revista Fórum ampliou sua redação e passou a cobrir fatos locais e denúncias de movimentos sociais; o Brasil 247 lançou projetos como documentários financiados coletivamente; e surgiram novas iniciativas, como o Marco Zero Conteúdo em Pernambuco e Agência Pública, alinhadas a causas progressistas porém focadas em jornalismo investigativo original. Essas iniciativas, embora fora do escopo estrito deste capítulo (que trata principalmente do período Lava Jato e imediata sequência), mostram que a fronteira entre replicadores de notícias e produtores de notícias não é estática – mídias alternativas podem evoluir para suprir lacunas de cobertura não atendidas pela mídia dominante.

Outro exemplo internacional relevante é o da media progressista latino-americana. Na Argentina, durante os governos

Kirchner (simultâneos aos de Lula/Dilma), houve também o surgimento de blogs e sites kirchneristas que defendiam o governo e atacavam o chamado "Grupo Clarín" (o maior conglomerado de mídia argentino). Eles semelhantemente baseavam-se em noticiário publicado e adicionavam opinião. No entanto, com o passar do tempo, alguns desses canais (como o site *El Destape*) cresceram e começaram a patrocinar investigações próprias contra figuras da oposição, tentando equilibrar o jogo informativo. Isso talvez sugira que, em contextos em que a disputa política se acirra, até mídias engajadas percebem a necessidade de gerar suas próprias pautas para influenciar de fato a opinião pública em larga escala, não podendo depender eternamente da "generosidade" da mídia hegemônica em fornecer matéria-prima. No Brasil, a conjuntura pós-Lava Jato com a eleição de Bolsonaro (2018) acentuou ainda mais a polarização e, curiosamente, uniu de certa forma a mídia progressista e parte da mídia tradicional em oposição aos excessos bolsonaristas. Isso criou colaborações inusitadas – por exemplo, jornalistas tradicionais passaram a frequentar as lives da mídia alternativa progressista, e vice-versa, diante do inimigo comum da extrema-direita. Internacionalmente, também se vê alianças táticas: nos EUA, veículos mainstream como NYT e Washington Post foram valorizados pela esquerda na era Trump, apesar das críticas anteriores, e mídias digitais progressistas passaram a endossar reportagens desses jornais contra Trump. Assim, o relacionamento entre mídia mainstream e progressista pode variar conforme o cenário político, ora de confronto, ora de convergência.

Em resumo, os exemplos internacionais reforçam a ideia de que blogs e sites políticos digitais frequentemente iniciam suas trajetórias como replicadores e comentadores do noticiário mainstream, provendo uma lente ideológica distinta. Essa estratégia alavanca o engajamento inicial e a formação de comunidade. Com o tempo e recursos, alguns conseguem transitar para um modelo híbrido que inclui reportagens próprias, mas muitos permanecem fundamentalmente como "pacotes de opinião" sobre notícias alheias. O caso brasileiro insere-se nesse contexto: a blogosfera progressista durante a Lava Jato atuou essencialmente como vigilante e crítica da cobertura da grande mídia, sem abalar sua condição de dependência informativa. Conforme notado, isso trouxe ganhos (pluralidade, questionamento do viés dominante) e perdas (consolidação de bolhas, falta de investigações alternativas que pudessem desafiar as narrativas com novos fatos).

14. Conclusão

A análise trazida ao longo deste capítulo permite sustentar a tese inicial: no quesito produção de notícias originais, a mídia progressista brasileira do período Lava Jato e pós-Lava Jato de fato inovou pouco, limitando-se majoritariamente a reproduzir conteúdo já divulgado pela grande mídia, ao qual agregou suas interpretações e opiniões próprias. Essa constatação apoia-se em múltiplas evidências. Acadêmicos classificaram muitos dos blogs progressistas como "repositórios de notícias de terceiros", e o conceito de gatewatching explica como eles monitoram e reciclam informações de fontes oficiais e veículos estabelecidos em vez de atuarem como repórteres de campo.

Ao mesmo tempo, a originalidade residiu nas análises críticas que esses comunicadores produziram – um tipo de jornalismo de opinião engajado, assumidamente parcial ("*jornalismo que tem lado*"), que ofereceu ao público narrativas alternativas sobre os eventos políticos.

No contexto singular da Lava Jato, isso significou que, enquanto a grande imprensa pautava as denúncias e alimentava diariamente o imaginário do combate à corrupção focado no PT, a mídia progressista cumpria o papel de contestar e relativizar essas denúncias – porém, quase sempre a partir dos mesmos fatos trazidos à tona pelos meios tradicionais. Em termos figurados, se a grande mídia escreveu o roteiro básico da saga Lava Jato, os blogs progressistas escreveram as críticas de rodapé e os comentários de bastidor, mas raramente introduziram novas cenas ou personagens não presentes no roteiro original. Essa dinâmica manteve a dependência estrutural: por mais combativos que fossem no discurso, esses veículos alternativos permaneciam à reboque das pautas e fluxos informativos controlados pelos grandes conglomerados midiáticos.

As razões para isso são, em parte, estruturais (falta de recursos financeiros e logísticos para reportagens investigativas próprias) e, em parte, estratégicas (a opção por ocupar o nicho opinativo e de curadoria, que exigia menos investimento e era mais compatível com os objetivos políticos imediatos). Se por um lado essa estratégia garantiu a sobrevivência e relevância da blogosfera progressista – permitindo que "mesmo com poucos recursos, ela enfrentasse os enquadramentos da mídia hegemônica"–, por outro limitou seu poder de agenda-setting independente. A blogosfera progressista se consolidou assim como uma vanguarda comunicacional de natureza reativa, capaz de unificar o discurso da esquerda e manter mobilizada sua base em momentos críticos , mas incapaz de alterar substancialmente os fatos em torno dos quais o debate se dava.

Os achados apresentados têm implicações importantes para a compreensão do jornalismo digital e da democracia deliberativa no Brasil. Ficou evidente que a influência da grande mídia transborda seus próprios canais, afetando até aqueles criados para se opor a ela. Isso reforça a ideia de que a concentração midiática no país – uma das maiores do mundo – exerce efeitos difusos: mesmo vozes dissidentes precisam se posicionar em relação à agenda definida pelos gigantes da comunicação. Por outro lado, a existência e a popularidade da mídia progressista mostram uma demanda social por novos mediadores de informação, que filtrem e analisem criticamente as notícias. Muitos cidadãos passaram a preferir ler a notícia "pelo olhar do 247 ou do DCM", ou mesmo de veículos menores como a Kotter TV, a lê-la diretamente na Folha ou no Estadão, revelando falta de confiança na neutralidade da grande imprensa e buscando uma segunda opinião. Assim, embora esses blogs não tenham produzido furo jornalístico, produziram um contexto interpretativo alternativo – algo de valor inegável em uma sociedade plural. A crítica reside em que, se todos os polos do espectro apenas reinterpretam os mesmos fatos conforme suas crenças, corre-se o risco de empobrecimento do debate público, pois

Faltam mediadores isentos e investigação independente que possam encontrar a verdade para além das versões partidárias.

Ao olhar para o futuro, uma questão que se coloca é se a mídia progressista continuará neste modelo de pzuta externa e de replicação + opinião, ou se evoluirá para também gerar notícias originais e quiçá pautar outros veículos. Com o governo Lula retomando em 2023, alguns desses veículos se aproximaram novamente do poder institucional (por exemplo, alguns poucos profissionais da mídia alternativa assumindo cargos em comunicação pública), o que pode influir tanto positiva quanto negativamente em sua independência editorial. Além disso, o avanço do jornalismo independente profissional – exemplificado por agências investigativas não-partidárias – pode ocupar parte do espaço de produção de fatos novos que a blogosfera progressista não supriu. Por fim, as novas plataformas (Instagram, WhatsApp, Telegram, TikTok) impõem desafios e oportunidades: a forma de replicar conteúdo e engajar público está migrando para formatos de vídeo curto, infográficos e mensagens virais, o que exigirá adaptação dos atores existentes ou abrirá brecha para outros emergirem.

Em suma, no período em foco, a mídia progressista brasileira cumpriu um papel histórico de resistência narrativa, se alimentando do conteúdo da mídia tradicional para, em cima dele, construir um discurso dissidente. Produziu pouca notícia inédita, mas produziu uma leitura crítica compartilhada por milhões de brasileiros, contribuindo para evitar a completa uniformização do discurso político na mídia. Como bem resumiu um analista ao falar do Huffington Post, "*a finalidade não é descobrir histórias, mas peneirar o material gerado pela mídia mainstream, dar-lhe uma inclinação* [*ideológica*] *e reembalá-lo para o público alvo*". Essa frase poderia definir também a missão que os blogs e canais progressistas abraçaram durante a Lava Jato. Se essa missão foi suficiente para alterar rumos ou se limitou a pregar para convertidos é matéria de debate – provavelmente um misto de ambos. De todo modo, a consolidação desse ecossistema midiático progressista marca um capítulo significativo na evolução do jornalismo político brasileiro: um capítulo em que a batalha pela opinião se sobrepôs à corrida pelo furo, e em que "informar" passou muitas vezes por recontextualizar mais do que por investigar.

PARTE III

O REAL PREVALECENDO SOBRE O VIRTUAL

Conexão e submissão na ágora digital

Nossa contemporaneidade é marcada pela hiperconectividade digital, e nela torna-se sedutora a crença de que as reverberações das redes sociais possuem força suficiente para redefinir trajetórias políticas e jurídicas. Cotidianamente, emergem tribunais virtuais no espaço público digital, promovendo julgamentos sumários de reputações e reivindicando justiça instantânea. A popularidade quantificável em curtidas e compartilhamentos produz uma percepção de legitimidade democrática, configurando uma espécie de "soberania digital" mediada pela opinião pública virtualizada. Entretanto, permanece um questionamento central: essa forma de mobilização possui legitimidade normativa e capacidade real de influenciar decisões institucionais dentro do Estado de Direito? Ou trata-se predominantemente de uma soberania ilusória, um poder simbólico cujas pretensões esbarram inexoravelmente nos limites do ordenamento jurídico vigente e nas estruturas concretas do poder institucionalizado? Este artigo investiga criticamente essa tensão entre o ativismo digital e a autoridade formal do Estado, articulando referenciais teóricos, evidências empíricas e debates jurídicos contemporâneos pertinentes ao tema.

15. Fundamentação Teórica

Realidade, Soberania e Legitimidade no Contexto Digital

No campo da filosofia contemporânea, a diferenciação conceitual entre real e virtual assume novos e mais complexos significados no contexto digital, no qual as plataformas de mídia social produzem frequentemente uma hiper-realidade, em que construções simbólicas passam a ser percebidas como representações concretas e autônomas da realidade. Jean Baudrillard, sociólogo francês, já advertira que, nas sociedades altamente midiatizadas, as simulações correm o risco de substituir o real, originando signos destituídos de referentes, gerando assim uma percepção de realidade paralela ou hiper-realidade. Transportado para o plano político, esse fenômeno implica que manifestações de popularidade ou engajamento virtual podem erroneamente ser interpretadas pelos usuários como manifestações de poder soberano, mesmo carecendo de fundamentação institucional formal.

Nesse sentido, a questão da soberania – tradicionalmente entendida como a capacidade efetiva e legitimada de decidir – torna-se particularmente problemática no ambiente digital. A tradição do pensamento político moderno, desde Hobbes até Rousseau, sempre associou a soberania ao povo enquanto corpo organizado e institucionalizado dentro da estrutura do Estado-nação. Contudo, no contexto das interações virtuais, muitos indivíduos reivindicam implicitamente uma parcela desse poder soberano ao participarem de campanhas digitais e ao expressarem publicamente determinadas posições que afirmam refletir uma hipotética vontade geral da comunidade virtual. Entretanto, há uma "ilusão de soberania" nessas práticas: apesar de acreditarem possuir controle sobre suas decisões ao navegar por ambientes digitais sem barreiras aparentes, os usuários frequentemente desconhecem que os mecanismos efetivos de poder residem em outros atores ou instituições. Portanto, ainda que sedutora, a liberdade percebida no espaço digital não corresponde a uma autoridade legitimamente reconhecida para decisões com força vinculante no âmbito jurídico-político, nem produz os resultados históricos hipotetizados. Torna-se, portanto, necessário distinguir rigorosamente a legitimidade simbólica, conferida pela aprovação difusa das redes, da legitimidade jurídica e política, estabelecida pelo devido processo legal e reconhecida no contexto institucional do Estado.

Poder Simbólico versus Poder Efetivo na Era Digital

O antropólogo Pierre Bourdieu caracteriza o poder simbólico como a capacidade de mobilizar símbolos, crenças e narrativas na construção e legitimação de uma realidade socialmente percebida, obtendo, dessa forma, adesão e obediência sem a necessidade de coerção física explícita. Na contemporaneidade, marcada pela centralidade das redes digitais, o poder simbólico assume uma magnitude inédita, potencializada pela viralização instantânea de conteúdos como hashtags e memes. Contudo, Bourdieu ressalta que tal poder só se efetiva mediante reconhecimento intersubjetivo por parte dos demais agentes sociais, operando, portanto, de maneira sutil e não imediata. Por sua vez, o poder efetivo, compreendido como aquele capaz de gerar consequências materiais concretas – exemplificadas pela formulação e implementação de legislações ou pela execução judicial –, continua estritamente vinculado a aparatos institucionais tradicionais, tais como Parlamento, Judiciário e Executivo, este último detentor do monopólio legítimo da força.

No contexto prático, a internet atua como catalisadora de vozes, conferindo a determinados segmentos sociais uma relevância simbólica frequentemente desproporcional à sua representação institucional formal. Tal assimetria suscita reflexões críticas sobre a real natureza dos fenômenos digitais: seriam os trending topics uma expressão contemporânea da "vontade geral"? Ou representam apenas mobilizações efêmeras, carentes das condições estruturais necessárias para se consolidarem em ações coordenadas e sustentáveis? O filósofo sul-coreano Byung-Chul Han, em sua obra "No Enxame", postula que as aglomerações digitais – denominadas por ele como "enxames" – diferem essencialmente das massas tradicionais, devido ao seu caráter atomizado, fragmentado e efêmero. Segundo Han, a multidão conectada digitalmente produz considerável ruído comunicacional, mas carece da coesão e da capacidade de articulação decisória efetiva, dissolvendo-se com a mesma rapidez com que emergem. Tal efemeridade inviabiliza o desenvolvimento de uma potência política duradoura e significativa. Nesse sentido, a viralidade proporciona visibilidade – portanto, poder simbólico –, sem que isso implique necessariamente a aquisição de autoridade institucional ou eficácia concreta, características típicas do poder efetivo. Ainda que a pressão digital possa gerar constrangimento em atores institucionais devido ao risco de desgaste público, ela não constitui uma obrigação jurídica direta, a não ser quando articulada a mecanismos formais específicos.

Essa dualidade manifesta-se de forma clara nas práticas de ativismo digital. Diferentemente dos protestos presenciais e das articulações políticas tradicionais, que demandam organização sólida, lideranças definidas e enfrentamento de riscos objetivos, o chamado "ativismo de sofá" (slacktivism) simplifica a expressão pública de apoio mediante interações de baixo custo e reduzido engajamento. Pesquisas apontam que essa modalidade de participação política virtual, caracterizada pela superficialidade do comprometimento, raramente produz mudanças estruturais significativas. Petições online e campanhas de hashtags frequentemente resultam em frustração pela ausência de impactos concretos, servindo mais como válvula de escape emocional coletiva do que como instrumento político eficaz. Assim, o ativismo digital configura-se como uma modalidade de pressão simbólica, difusa e instável, capaz de influenciar temporariamente a pauta discursiva midiática e sensibilizar atores institucionais, mas limitada na obtenção de resultados efetivos pela barreira imposta pelos mecanismos institucionais responsáveis pelas decisões políticas.

"Tribunais Digitais" e a Opinião Pública vs. Processos Institucionais

A metáfora dos "tribunais digitais" consolidou-se no discurso contemporâneo para caracterizar processos de julgamento informais conduzidos na esfera pública virtual. Em tais ambientes digitais, a opinião pública manifesta-se mediante a avaliação rápida e frequentemente superficial de elementos apresentados como evidências (muitas vezes vídeos manipulados ou informações enviesadas), proferindo vereditos contundentes e exigindo punições exemplares, tudo à revelia das garantias processuais consagradas e dos critérios rigorosos próprios ao sistema judiciário convencional. Tal fenômeno evidencia a manifestação do poder simbólico, capaz de destruir reputações pessoais ou deslegitimar decisões sem a ocorrência de procedimentos formais. Constatamos, assim, um embate entre dois paradigmas distintos: de um lado, o sistema jurídico institucionalizado, pautado pelo respeito às leis, processos estabelecidos, direito ao contraditório, provas materiais e múltiplas instâncias decisórias; de outro, a justiça informal das redes sociais, marcada pela rapidez decisória, emocionalidade exacerbada e orientação ao engajamento instantâneo.

Filósofos políticos enfatizam que legitimidade não deve ser confundida com mera popularidade momentânea. Max Weber, por exemplo, classificava a legitimidade da autoridade em tipos específicos – legal-racional, tradicional ou carismática –, sempre condicionados ao reconhecimento segundo normas vigentes. Um *trending topic*, embora aparente refletir uma legitimidade carismática difusa, não detém respaldo constitucional, tampouco qualquer força coercitiva formal; seu impacto se exerce por meio de constrangimentos morais e pressões políticas indiretas. Nesse sentido, surge uma "justiça paralela" ilusória, na qual condenações públicas ou aclamações digitais são percebidas equivocadamente como equivalentes a decisões judiciais ou eleitorais efetivas, as quais, entretanto, ocorrem apenas dentro dos marcos formais estabelecidos pelo Estado de Direito.

A literatura acadêmica também sinaliza o perigo de usurpação simbólica por movimentos digitais que pretendem monopolizar a representação da vontade popular, mas carecem de mecanismos adequados de *accountability* e inclusão democrática. Afinal, quem efetivamente participa das deliberações digitais? Estudos apontam que segmentos amplos da população permanecem desconectados ou pouco ativos nesses ambientes, o que implica que a dita "vontade do Twitter" frequentemente diverge significativamente da vontade popular em sentido mais amplo e representativo (revistas.pucsp.br).

Dessa forma, a esfera pública digital tende a refletir sobretudo bolhas discursivas e grupos altamente mobilizados, em detrimento da totalidade do corpo político. Consequentemente, os denominados "tribunais digitais" sofrem de graves deficiências em termos de representatividade e legitimidade, ainda que sua visibilidade seja expressiva. Embora possam atuar como indicadores das percepções de certos setores sociais vocalizados, tais "tribunais" jamais poderão substituir legitimamente as instâncias judiciais formais ou as deliberações parlamentares, sob risco de erosão dos princípios fundamentais que sustentam a democracia representativa e o Estado de Direito.

16. Evidências Empíricas

Limites do Poder Digital na Decisão Político-Institucional

Exemplos concretos recentes ilustram como a mobilização digital encontra limites claros impostos pelos mecanismos institucionais de freios e contrapesos, muitas vezes suscitando reações equivalentes por parte do sistema jurídico-político, que reafirma seu protagonismo institucional. Embora as redes sociais tenham se revelado eficazes na construção discursiva e na mobilização popular direta – fenômenos observáveis nas Primaveras Árabes e nas manifestações brasileiras de 2013 –, tais plataformas frequentemente demonstram fragilidade ou restrições significativas quando se trata da efetivação concreta de mudanças estruturais profundas, como anular eleições, modificar decisões judiciais ou interferir decisivamente em processos legislativos.

O caso das eleições presidenciais dos Estados Unidos em 2020 constitui um exemplo paradigmático: a intensa circulação virtual de narrativas questionando a legitimidade do resultado eleitoral fomentou teorias conspiratórias e culminou na invasão violenta do Capitólio em 6 de janeiro de 2021. Contudo, apesar da intensidade desse ativismo digital, as instituições democráticas norte-americanas conseguiram preservar sua integridade e autoridade. Tribunais estaduais e federais rapidamente rejeitaram múltiplas ações judiciais movidas sem fundamentos sólidos, e o Congresso dos EUA confirmou formalmente o resultado eleitoral. Esse fenômeno foi replicado, com nuances próprias, no Brasil entre 2022 e 2023, quando movimentos digitais análogos que contestavam a legitimidade do resultado presidencial culminaram na invasão das sedes dos Três Poderes em 8 de janeiro de 2023. Mais uma vez, a reação institucional foi contundente e eficaz: centenas de participantes foram rapidamente detidos e processados, e nenhuma modificação política foi concretizada em prol das reivindicações dos manifestantes.

Em declaração subsequente, o ministro Luís Roberto Barroso, presidente do Supremo Tribunal Federal (STF), ressaltou enfaticamente que a narrativa golpista "não haverá de prevalecer", reiterando o compromisso inabalável da corte em desempenhar sua função institucional como guardiã da democracia, imune às pressões do discurso digital, seja este verdadeiro ou falacioso (cartacapital.com.br). Tal episódio ilustra com clareza os limites estruturais da mobilização virtual: embora o engajamento digital possa provocar desestabilização temporária, ele não possui o poder intrínseco de promover mudanças institucionais sem respaldo formal; ao contrário, frequentemente fortalece a resiliência e a determinação das autoridades em fazer prevalecer a ordem democrática e legal estabelecida.

O Confronto de Elon Musk com o STF Brasileiro

Nenhuma figura ilustra com maior clareza o embate contemporâneo entre o poder corporativo digital e a soberania estatal do que Elon Musk, empresário e atual proprietário da plataforma X, anteriormente conhecida como Twitter. Defensor veemente de uma concepção maximalista da liberdade de expressão online, Musk rapidamente se viu em confronto direto com o ordenamento jurídico brasileiro ao tentar desafiar abertamente decisões judiciais emitidas pela Suprema Corte. Em meio às investigações conduzidas pelo Supremo Tribunal Federal (STF) sobre a disseminação de notícias falsas e ataques à democracia brasileira, o ministro Alexandre de Moraes determinou o bloqueio de diversas contas pertencentes a aliados do ex-presidente Jair Bolsonaro, identificadas como fontes ativas de desinformação. Após assumir o controle do Twitter, Musk anunciou a intenção de suspender as restrições impostas a essas contas, assumindo, assim, uma posição de confronto explícito com a autoridade judicial brasileira.

A reação institucional foi imediata e decisiva. Alexandre de Moraes exigiu formalmente que a empresa designasse um representante legal no país, encarregado de atender às ordens judiciais, sob risco de suspensão integral das operações em território brasileiro. Em um primeiro momento, Musk demonstrou resistência à exigência, chegando a desativar o escritório local da plataforma e demitir funcionários, em aparente gesto de protesto. Em resposta à persistente recusa, Moraes determinou efetivamente a suspensão temporária dos serviços oferecidos pela plataforma X, numa demonstração inédita de firmeza frente ao descumprimento das normas nacionais. Essa ação sinalizou inequivocamente que a soberania jurídica nacional prevaleceria sobre o poder econômico e tecnológico de qualquer corporação global. Diante da perspectiva real e imediata de exclusão do mercado brasileiro, a empresa recuou rapidamente, indicando um representante formal e arcando com o pagamento das expressivas multas decorrentes do episódio, evitando assim uma desconexão que teria impacto significativo sobre milhões de usuários no país.

Esse episódio sublinha de forma contundente os limites intrínsecos ao poder exercido, não só pela horada de usuários, mas também por grandes plataformas digitais em face do Estado de Direito. Habituado à autoridade quase absoluta no domínio corporativo e ao endosso imediato de sua base digital de apoiadores, Musk foi confrontado com a realidade de que nenhuma empresa, independentemente de seu alcance global, está imune ao cumprimento das leis nacionais. Revelou-se ilusória a noção de que uma rede social poderia operar fora das estruturas jurídicas locais. Ademais, a posição adotada por Alexandre de Moraes, apoiada pelos demais poderes da República, reverberou internacionalmente como um claro sinal de que a institucionalidade não cederá espaço diante de celebridades digitais, ainda que estas detenham controle sobre canais essenciais de comunicação contemporânea. Trata-se, portanto, de uma reafirmação inequívoca da soberania estatal: dentro do espaço jurídico brasileiro, qualquer violação de decisões judiciais terá consequências concretas, seja para cidadãos comuns ou para magnatas detentores de plataformas digitais.

Donald Trump, Rumble e a Reação em Defesa da Soberania

Outro episódio paradigmático envolvendo a tensão entre poder digital e soberania institucional ocorreu entre o ex-presidente estadunidense Donald Trump – por meio de suas empresas midiáticas e aliados políticos – e o Supremo Tribunal Federal (STF) brasileiro. Durante os anos de 2023 e 2024, decisões do ministro Alexandre de Moraes, voltadas ao enfrentamento da desinformação e de discursos antidemocráticos, impactaram plataformas digitais estrangeiras, notoriamente populares entre apoiadores de Trump e Bolsonaro, como a rede de vídeos Rumble e a Trump Media, responsável pela Truth Social. Em resposta, essas empresas buscaram amparo junto ao sistema judiciário norte-americano e lobistas políticos, sustentando que Moraes estaria impondo uma forma ilegítima de censura, violando direitos fundamentais à liberdade de expressão de cidadãos estadunidenses em solo americano. Parlamentares alinhados a Trump chegaram a propor, na Câmara dos Representantes dos EUA, o projeto de lei "No Censores on Our Soil" ("Sem censores em nosso território"), visando explicitamente limitar ações judiciais extraterritoriais, simbolizadas especialmente pela atuação de Moraes, que atingissem usuários ou empresas baseadas nos Estados Unidos.

Essa iniciativa incomum – um ex-presidente norte-americano e suas empresas buscando interferir diretamente nas decisões judiciais brasileiras – provocou uma resposta contundente das instituições jurídico-políticas brasileiras. Em fevereiro de 2025, o ministro Alexandre de Moraes manifestou publicamente veemente repúdio à interferência estadunidense sobre o Judiciário brasileiro, destacando enfaticamente a autonomia nacional e a independência do Poder Judiciário frente a ingerências externas. Sua declaração, de forte impacto retórico – "deixamos de ser colônia em 7 de setembro de 1822" –, expressou uma posição consensual entre distintos setores institucionais brasileiros. O então presidente do STF, ministro Luiz Roberto Barroso, também manifestou apoio integral à atuação de Moraes, criticando o que classificou como uma tentativa de narrativa estrangeira para desacreditar as decisões do Supremo. Barroso reiterou enfaticamente o compromisso do tribunal com a proteção constitucional e democrática, sem se intimidar frente às manipulações discursivas daqueles envolvidos na tentativa de ruptura institucional ocorrida em 8 de janeiro.

Na prática, a estratégia adotada por Trump e pela plataforma Rumble fracassou em obter qualquer recuo por parte do STF. Pelo contrário, Moraes intensificou suas medidas: determinou a suspensão temporária do acesso ao Rumble no território brasileiro, em resposta à ausência de representante legal da empresa no país, e manteve integralmente suas ordens para a remoção de conteúdos considerados ilícitos, esclarecendo que as ações judiciais tinham como objeto usuários e operações realizadas no Brasil, e não cidadãos ou instituições do governo norte-americano. Assim, a tentativa de mobilizar o capital político de Trump e o poder comunicacional das redes conservadoras internacionais foi contida pela resiliência do ordenamento jurídico brasileiro. Evidenciou-se que, embora Trump detenha significativa influência sobre uma parcela expressiva de seguidores online e busque protagonizar batalhas judiciais transnacionais, a prerrogativa decisória sobre questões afetas à jurisdição brasileira permanece inteiramente sob o domínio soberano das instituições brasileiras. Dessa forma, mais uma vez, o poder digital, mesmo reforçado pelo capital político internacional, revelou-se incapaz de sobrepor-se ao Estado de Direito quando este se apresenta coeso, institucionalmente robusto e comprometido com sua soberania e autonomia.

Mobilização Virtual e Impacto em Políticas Públicas

É consensual na literatura especializada em ciência política e comunicação que as mobilizações políticas mediadas pelas plataformas digitais exercem influência significativa sobre as democracias contemporâneas, ainda que majoritariamente por meio de mecanismos indiretos e mediados por estruturas institucionais pré-estabelecidas. Nesse contexto, a opinião pública digital emerge como variável relevante que auxilia os representantes políticos na identificação e interpretação da vontade popular, sobretudo por meio das redes sociais, cujas métricas frequentemente funcionam como indicadores qualitativos da agenda social. Evidências empíricas demonstram que petições online e campanhas virais conduzidas em plataformas como Twitter e Facebook têm a capacidade de pautar debates legislativos, impulsionar audiências públicas e resultar em iniciativas como Comissões Parlamentares de Inquérito (CPIs) e elaboração de proposições legislativas específicas.

Não obstante, análises aprofundadas e sistemáticas apontam consistentemente que as mobilizações digitais isoladas, apesar de sua abrangência inicial, raramente conseguem assegurar a implementação direta de políticas públicas concretas. A transformação efetiva da mobilização virtual em resultados institucionais tangíveis exige necessariamente um processo de tradução política intermediado por organizações civis, partidos políticos consolidados ou lideranças com reconhecida capacidade de articulação institucional.

Um exemplo paradigmático no contexto brasileiro foi a campanha #MeTooBrasil, em 2019, que trouxe visibilidade pública significativa aos casos de assédio sexual, impulsionando demandas por regulamentações específicas voltadas à proteção das mulheres. Todavia, as mudanças legislativas concretas ocorreram exclusivamente por meio de mecanismos formais, como aprovação de leis e decretos pelo Congresso Nacional, destacando a imprescindibilidade da mediação institucional na conversão da energia mobilizatória digital em ações governamentais efetivas.

Em contrapartida, múltiplos exemplos ilustram como mobilizações digitais expressivas podem fracassar ao tentar alcançar repercussões políticas concretas. Campanhas virtuais massivas contra reformas econômicas ou sociais polêmicas têm demonstrado uma capacidade limitada de influenciar decisões legislativas na ausência de interlocutores institucionais eficazes. Essas ocorrências reforçam a tese de que o potencial da mobilização digital para promover mudanças estruturais efetivas depende diretamente de sua articulação estratégica com canais tradicionais e legitimados de representação política.

Corroborando tais constatações, estudos empíricos indicam que práticas associadas ao ativismo digital – como petições eletrônicas e clicktivism – apresentam, apesar de sua visibilidade inicial considerável, taxas elevadas de dispersão e baixa sustentabilidade política ao longo do tempo, salvo quando complementadas por formas tradicionais e presenciais de engajamento político contínuo. Destarte, conclui-se que a opinião pública digital constitui um elemento relevante, porém subsidiário no processo político contemporâneo, com seu impacto mais significativo manifestando-se na capacidade de pautar questões, sensibilizar audiências e exercer pressão indireta sobre agentes decisórios. Contudo, a deliberação final permanece sob responsabilidade das instâncias formalmente legitimadas pelos procedimentos democráticos estabelecidos.

17. Análise Jurídica

O Estado de Direito Diante das Pressões Digitais

Diante desse panorama, como o Estado de Direito vem respondendo às pressões oriundas do mundo digital?

A resposta, até aqui, tem sido com uma combinação de resiliência de princípios e adaptação de instrumentos. Fundamentalmente, o Princípio da Independência Judicial e o devido processo legal são os escudos normativos que protegem as decisões jurídicas contra vendavais de opinião momentânea. Juízes são constitucionalmente resguardados para decidirem conforme a lei e a prova dos autos, não segundo aplausos ou vaias virtuais.

Como afirmou o ministro Luís Roberto Barroso, "em matéria penal não há espaço [...] para clamor público e menos ainda para ouvir a voz das ruas". Essa declaração explicita que um magistrado não pode se desviar da justiça para agradar ou apaziguar a multidão, pois fazê-lo comprometeria a essência do julgamento justo. No mesmo diapasão, o decano Celso de Mello advertiu que a Corte "não pode deixar-se influenciar pelo clamor popular nem pela pressão das multidões, sob pena de abalar direitos e garantias individuais". Ou seja, ceder à turba – física ou virtual – significaria trair a Constituição, que assegura julgamentos imparciais. Tais pronunciamentos de membros do STF, em momentos de intensa comoção nacional, constituem precedentes morais e jurídicos importantes: fixam que a legalidade não será dobrada pelo *trending topic* do dia.

No âmbito político, o Estado de Direito conta com o princípio da soberania popular mediada – isto é, o povo exerce seu poder por meio de representantes e dentro das regras constitucionais. Essa mediação cria filtros institucionais (debates parlamentares, comissões, vetos presidenciais, controle de constitucionalidade) que impedem mudanças abruptas ao sabor de emoções coletivas transitórias. Assim, ainda que haja uma petição on-line com milhões de assinaturas exigindo certa lei, esta deverá trilhar o procedimento legislativo ordinário, submetendo-se a discussões técnicas e políticas. Esse ritmo mais lento e deliberativo funciona como antídoto contra a volatilidade das ondas virtuais. A pressão digital pode até acelerar tramitações (parlamentares são sensíveis ao clamor de seus eleitores nas redes), mas não elimina etapas essenciais.

Em última instância, o Estado de Direito responde às pressões digitais reafirmando seus valores: transparência, justificativa das decisões e abertura ao diálogo, mas sem abdicar dos crivos racionais. Como bem sintetizou Hannah Arendt, a legitimidade de qualquer poder reside em última instância em sua capacidade de permanecer vinculado a princípios e não à mera vontade momentânea, o que no contexto atual significa não se deixar governar pelo impulso das massas on-line.

Princípios Constitucionais e Resiliência Institucional

Os recentes confrontos têm colocado à prova a resiliência de princípios constitucionais tradicionais diante das novas dinâmicas impostas pelas tecnologias digitais. Destaca-se, inicialmente, o princípio da legalidade, segundo o qual nenhuma outra fonte normativa supera a lei em força obrigacional. Quando atores digitais, como influenciadores ou movimentos organizados em plataformas virtuais, tentam contornar ou subverter a lei mediante pressão pública ou campanhas virtuais, as instituições jurídicas têm reafirmado vigorosamente a supremacia da legalidade como barreira essencial a tais investidas.

No episódio envolvendo Elon Musk, a Constituição Federal brasileira e o Marco Civil da Internet serviram como alicerce jurídico para exigir a indicação de um representante legal e estabelecer sanções em casos de descumprimento de ordens judiciais, explicitando-se que as alegações referentes à suposta singularidade da "nova era digital" não legitimariam desvios ou relativizações da lei. Em circunstância semelhante, o caso Trump/Rumble evidenciou a reafirmação da soberania nacional (prevista no art. 1º da CF/88) e do princípio da jurisdição territorial como instrumentos essenciais para proteger cidadãos brasileiros diante de interesses externos, independentemente de pressões internacionais ou lobbies externos que busquem interferir ou invalidar decisões legítimas das autoridades nacionais.

Outro ponto crucial analisado nesses episódios é a preservação da separação de poderes. Mobilizações digitais têm frequentemente buscado subverter os canais institucionais, pressionando diretamente o Poder Judiciário como se sua legitimidade dependesse da aprovação imediata e popular, muitas vezes manifestada em ambientes digitais voláteis. Entretanto, nas democracias constitucionais, a accountability judicial ocorre mediante processos formalizados e constitucionalmente determinados (tais como fundamentação transparente, publicidade das decisões, mecanismos recursais e de correição institucional), e não por meio de plebiscitos instantâneos em redes sociais. Ao manter decisões impopulares no ambiente digital, porém juridicamente corretas, órgãos como o Supremo Tribunal Federal reafirmam categoricamente essa distinção institucional, demonstrando firmeza na independência e resistência à volatilidade da opinião pública virtual. Exemplos emblemáticos foram as decisões técnicas em contextos de crise sanitária ou aquelas voltadas à defesa dos direitos das minorias, destacando-se pelo rigor constitucional em face da pressão digital intensa.

Por fim, destaca-se a complexidade do equilíbrio entre liberdade de expressão e proteção institucional. A Constituição assegura amplamente a livre manifestação do pensamento, contudo também impõe limites destinados a preservar outros valores essenciais como a honra pessoal, segurança nacional e estabilidade das instituições democráticas. Quando as mobilizações virtuais ultrapassam tais limites, configurando ameaças, difamações ou incitações criminosas, surge um inevitável conflito entre liberdades fundamentais. O Judiciário tem enfrentado esses desafios adotando respostas cuidadosamente calibradas: bloqueios de perfis conspiracionistas, punições a indivíduos que realizam ameaças contra autoridades e ações investigativas contundentes contra organizações que propagam informações falsas. Tais medidas revelam claramente uma compreensão institucional de que a liberdade no ambiente digital não é ilimitada, sujeitando-se plenamente aos parâmetros constitucionais que regem as interações sociais tradicionais.

Primazia das Instituições: Decisões Judiciais Exemplares

Por fim, é instrutivo analisar algumas decisões judiciais emblemáticas que reforçam o primado das instituições jurídicas diante de mobilizações e pressões oriundas das redes sociais. Um exemplo paradigmático foi o voto do ministro Celso de Mello na Ação Penal 470 (conhecida como caso "Mensalão") em 2013. Apesar do intenso clamor popular exigindo punições imediatas, Celso de Mello proferiu o voto decisivo que permitiu a interposição de embargos infringentes em benefício de determinados réus, mantendo rigorosa adesão ao regimento interno do Supremo Tribunal Federal (STF). Sua argumentação, que transcendeu aspectos meramente técnicos, consistiu num vigoroso manifesto em defesa da imparcialidade judicial, alertando contra a influência de juízos extrajudiciais emanados da opinião pública. Nas palavras do próprio decano: "[Juízes] não podem deixar-se contaminar por juízos paralelos resultantes de manifestações da opinião pública que objetivem condicionar a manifestação de juízes e tribunais", sob risco de comprometimento do direito fundamental ao julgamento justo. A impopularidade da decisão nas redes sociais só reforçou o caráter exemplar do julgamento, destacando a superioridade do devido processo legal sobre julgamentos influenciados pela mídia e pela pressão popular.

Em contexto recente, decisões do STF relativas ao enfrentamento da desinformação igualmente sublinharam a prevalência dos procedimentos legais institucionais. No âmbito do Inquérito nº 4781, conhecido como "Inquérito das fake news", a Corte determinou medidas cautelares consistentes no bloqueio (termo técnico para censura preventiva) de contas em plataformas digitais que coordenavam ataques sistemáticos contra as instituições democráticas. Embora essas providências tenham gerado críticas provenientes de setores que as interpretaram como restrições indevidas à liberdade de expressão, o plenário do STF ratificou-as com fundamento na defesa da ordem constitucional. A mensagem implícita nessas decisões foi clara: nenhuma campanha virtual possui legitimidade para constranger ou paralisar as ações investigativas e judiciais. De fato, figuras públicas bloqueadas, apesar de expressivo apoio virtual, tiveram sua narrativa de vitimização deslegitimada pela robustez das provas e evidências colhidas durante os procedimentos legais. Nos votos e justificativas apresentados pelos ministros, enfatizou-se reiteradamente que a liberdade de expressão não pode ser instrumentalizada para corroer fundamentos basilares do Estado Democrático de Direito, tais como a integridade dos processos eleitorais e a autoridade das decisões judiciais.

Também nos âmbitos Legislativo e Executivo houve manifestações claras da supremacia institucional frente a pressões virtuais. Parlamentares que sucumbiram às exigências de grupos digitais, frequentemente alinhando-se a pautas extremadas e circunstanciais, frequentemente se viram politicamente fragilizados quando o contexto sociopolítico mudou, evidenciando que redes sociais não substituem os procedimentos formais de decisão legislativa ou administrativa. Chefes do Executivo, por sua vez, constataram que governar pautando-se por sondagens virtuais constitui estratégia de legitimação arriscada, uma vez que a autoridade do cargo decorre da legitimidade conferida pelas eleições e se consolida pela submissão aos mecanismos institucionais de controle e fiscalização, não pela popularidade momentânea nas redes sociais. O ex-presidente Jair Bolsonaro, particularmente engajado em plataformas digitais, viu-se confrontado pela realidade de que transmissões ao vivo inflamadas não tinham força para obstruir processos investigatórios conduzidos por órgãos como o Tribunal Superior Eleitoral (TSE) e o próprio STF. Em perspectiva ampla, prevaleceu a estabilidade das instituições jurídicas e constitucionais, enquanto a volatilidade das tendências virtuais se revelou transitória e efêmera.

18. Conclusão

O confronto entre a esfera virtual e as decisões jurídico-políticas revela um paradoxo crucial da contemporaneidade: embora jamais tenha sido tão simples manifestar opiniões e mobilizar adesões, simultaneamente nunca foi tão evidente a necessidade de filtros institucionais robustos para prevenir que tais manifestações resultem em ações contrárias à ordem constitucional estabelecida. A democratização promovida pelo ambiente digital ampliou significativamente a visibilidade de vozes outrora periféricas e gerou uma percepção ilusória de empoderamento, fundamentado na instantaneidade dos engajamentos virtuais. Todavia, tanto a reflexão teórica aprofundada quanto a análise crítica de casos concretos evidenciam os limites objetivos desse poder digital. Trata-se, portanto, de um poder eminentemente simbólico, cujo impacto efetivo permanece subordinado às estruturas institucionais que derivam sua legitimidade do pacto constitucional.

Sem negligenciar o valor significativo da opinião pública virtual para a dinâmica democrática contemporânea – que, inequivocamente, influencia debates políticos e sociais –, faz-se imprescindível examinar essa influência sob uma ótica crítica e ponderada. A indignação expressa por milhões em plataformas digitais constitui um indicador político relevante, porém não se traduz automaticamente em uma prerrogativa jurídica legítima. O Estado Democrático de Direito, com suas instituições e mecanismos de checks and balances, atua precisamente como um elemento estabilizador, capaz de neutralizar decisões precipitadas, assegurando que resoluções de grande alcance não sejam determinadas por efêmeros impulsos comunicacionais. Neste sentido, ressoa com clareza a observação do ministro Barroso ao destacar que o Supremo Tribunal Federal continuará a exercer seu papel de guardião da Constituição e da democracia, resistindo firmemente à pressão circunstancial oriunda das multidões digitais. Tal posição institucional assegura a proteção irrestrita dos direitos fundamentais, especialmente daqueles pertencentes a minorias cuja impopularidade momentânea não lhes retira a condição de sujeitos de direitos.

A presença da virtualidade no cenário jurídico-político contemporâneo é irreversível e marcante, contudo, seu alcance prático permanece necessariamente condicionado e mediado pelas instituições. A opinião pública digital pode iluminar questões relevantes, inclusive alavancar a construção de soluções concretas, mas a predominância das instituições democráticas permanece essencial para transformar anseios populares em ações políticas e jurídicas legítimas. Se há algo claramente evidenciado pela experiência atual, é a compreensão de que a legitimidade institucional – construída a partir do esforço coletivo, coragem política e respeito às normas jurídicas – não se desfaz perante impulsos digitais fugazes. Em última análise, é precisamente esta resistência institucional ao imediatismo virtual que sustenta e fortalece uma democracia efetivamente saudável e resiliente.

SEÇÃO II

HIPERDEMOCRACIA, HIPODEMOCRACIA

PROLEGÔMENO À SEÇÃO II

"Decidi-vos a não servir mais, e sereis livres."
— Étienne de La Boétie, *Discurso da Servidão Voluntária*

Há um paradoxo recorrente na história que atravessa as eras: desde as ágoras da Antiguidade clássica até os fóruns virtuais da atualidade, povos inteiros com poder de escolha acabam por abdicar de sua própria liberdade e consentir em várias formas de dominação. Homens e mulheres que, em tese, poderiam governar a si mesmos frequentemente se curvam a líderes, instituições ou sistemas que os subjugam – nas mais das vezes o fazem de bom grado. Tal fenômeno de *servidão voluntária* não é novidade dos tempos modernos; já antes dela e na Roma antiga o povo trocava voz política por "pão e circo", e cronistas e filósofos se espantavam com a facilidade com que a vontade coletiva podia ser dobrada. Séculos depois, Étienne de La Boétie observaria com igual perplexidade como a obediência dos muitos alimenta o poder de uns poucos. Em todos esses contextos, persiste a pergunta inquietante: por que razão aqueles que são numerosos e teoricamente livres escolhem o jugo, aceitando submeter-se voluntariamente a alguma forma de tirania, seja ela explícita ou sutil?

Parte da resposta reside na profunda ânsia por ordem e segurança que habita o espírito humano. A liberdade irrestrita traz consigo a incerteza e o peso da responsabilidade, ao passo que a dominação técnica ou política frequentemente se apresenta como garantia de estabilidade. Assim, não raras vezes os indivíduos desejam ordem a tal ponto que acolhem narrativas confortantes oferecidas pelos poderosos de plantão. Mitos, espetáculos e recompensas simbólicas servem de moeda de troca: ontem, soberanos distribuíam favores e encenavam grandiosas cerimônias para ganhar o fervor popular; hoje, algoritmos e mídias onipresentes oferecem entretenimento incessante e informações filtradas que gratificam nossas convicções prévias. O resultado é similar – cultivamos um apego quase devocional a símbolos de autoridade e às convenções estabelecidas, mesmo que isso signifique renunciar, insidiosamente, à nossa autonomia crítica. Como outrora os súditos apegavam-se às insígnias do império, os cidadãos contemporâneos por vezes apegam-se às verdades fáceis e confortáveis disseminadas em suas telas. Nesse processo, a liberdade pode ser sacrificada não em um ato dramático de coerção, mas gota a gota, pela acomodação voluntária aos contornos de um poder que promete nos poupar do caos.

O advento da esfera digital intensificou essas tensões de maneira inédita. Em aparência, ingressamos numa era de *hiperdemocracia* – nunca tantos tiveram voz tão livre para opinar, julgar e participar instantaneamente da vida pública. As redes sociais transformaram cada indivíduo em potencial emissor de ideias, prometendo uma ágora global ilimitada. Vislumbrou-se aí uma expansão radical da democracia: se cada cidadão pode se expressar e se conectar diretamente, eliminam-se barreiras e intermediários, alcançando-se uma participação popular sem precedentes. No entanto, essa miragem de democracia amplificada convive com a realidade de uma *hipodemocracia* subjacente. O clamor difuso das multidões conectadas nem sempre se traduz em poder político efetivo ou em deliberação racional autêntica. Pelo contrário, observamos que o mesmo ambiente virtual que amplifica vozes pode também diluí-las num ruído desordenado, facilmente manipulado por quem com técnica e grande capital domina os novos mecanismos de influência. A enxurrada de informações – muitas vezes contraditórias ou enganosas – em vez de emancipar o cidadão, pode torná-lo refém de suas próprias preferências e preconceitos, enclausurado em bolhas de conteúdo cuidadosamente arquitetadas pelos algoritmos. Desse modo, a prometida *hiperdemocracia* degenera em *simulacro* de democracia: todos falam, mas poucos de fato são ouvidos; todos votam em enquetes virtuais e "curtem" manifestos, mas as decisões reais permanecem concentradas nas mãos de atores opacos e sistemas automatizados que escapam ao escrutínio público. A esfera pública digital, que poderia ser um campo aberto de debates informados, muitas vezes converte-se em terreno fértil para a pós-verdade e o sectarismo, minando a essência do diálogo democrático.

Esse cenário revela um conflito latente entre a promessa de liberdade e a realidade da dominação técnica contemporânea. De um lado, as ferramentas tecnológicas oferecem possibilidade de emancipação – conhecimento acessível, articulação coletiva, transparência do poder. De outro, essas mesmas ferramentas tornaram-se instrumentos de controle sutil, ainda mais eficazes justamente por serem aceitos voluntariamente. Guy Debord já denunciara, em meados do século XX, a transformação da vida social em uma "sociedade do espetáculo", em que a imagem substitui a substância e espectadores passivos tomam o lugar de cidadãos ativos. Hoje, esse espetáculo atinge sua culminância nas telas onipresentes: vivencia-se uma realidade mediatizada em que é difícil distinguir verdade de encenação. Jean Baudrillard descreveu esse estágio como hiper-realidade – uma ordem em que as simulações e aparências não apenas refletem o real, mas o suplantam, fazendo com que a experiência vivida seja filtrada por modelos e narrativas pré-fabricadas. Sob o fascínio dessas simulações, o público pode perder de vista os fatos brutos e aderir a uma versão confortavelmente editada da realidade. Some-se a isso o alerta de Hannah Arendt sobre os perigos da mentira organizada: quando fatos objetivos perdem o prestígio diante de construções fictícias convenientes, abre-se caminho para novas formas de opressão, pois um povo privado da verdade facilmente se torna um povo privado de liberdade. *Fabricar consentimento* – seja através da propaganda direta, seja via algoritmos que reforçam crenças – converteu-se em estratégia predominante de dominação no mundo conectado. E essa estratégia tem êxito não principalmente pela imposição, mas porque encontra terreno fértil na *submissão consentida* de milhões de usuários que consomem conteúdos algorítmicos sem questionamento. Em última instância, o poder contemporâneo não necessita calar à força cada voz dissonante se consegue inundar a esfera pública com um coro de vozes dóceis, alinhadas a uma versão única dos acontecimentos. A *servidão voluntária*, atualizada aos novos tempos, manifesta-se assim na disposição de tantos em aceitar, promover e até celebrar as correntes invisíveis que ordenam suas vidas sociais.

Diante dessa realidade ambígua, evidencia-se a tensão fundamental entre a participação ativa e a *abdicação política*. A tecnologia nos deu os meios para ampliarmos a liberdade de expressão e a fiscalização do poder, mas também ofereceu aos detentores do poder novas ferramentas para guiar, vigiar e conformar o comportamento coletivo. Muitos sujeitos contemporâneos, tal como os de eras passadas, acabam por encontrar conforto na ordem preestabelecida e nas respostas fáceis, recuando diante do desafio complexo que é exercer plenamente a cidadania. A figura do cidadão transforma-se, perigosamente, na de um espectador cativo: entretido, vigiado e previsível. Enquanto isso, a legitimidade democrática – fundada na pluralidade de vozes genuinamente autônomas e críticas – fragiliza-se quando a maioria abre mão de seu protagonismo. Essa abdicação não é clamorosa, mas sim silenciosa e gradual, perceptível na indiferença com que muitos encaram os rumos da coisa pública ou na terceirização de seu julgamento moral a formadores de opinião e sistemas automatizados. Assim se agrava a crise: quanto mais confiamos cegamente nas malhas técnicas e narrativas prontas para nos guiar, menos exercitamos a reflexão independente e a ação política responsável. Os antigos pensadores nos legaram o insight de que a liberdade jamais perece de uma vez, mas se esvai se não for cultivada ativamente – e essa lição soa especialmente urgente na era digital.

É com esse viés crítico e reflexivo que se adentra a segunda seção de *A Ágora e o Algoritmo*. Os temas aqui explorados gravitam em torno desse dilema entre emancipação e tutela, entre o clamor da participação e o risco da servidão mascarada. *A voluntária sujeição* do indivíduo a estruturas opressivas, identificada desde os primeiros vagidos da política, ressurge no presente envolta em nova roupagem tecnológica, mas permanece, em essência, o mesmo enigma moral e político. Cabe perguntar, neste limiar do debate, se a ágora digital será capaz de transcender a condição de simples espelho da sociedade do espetáculo para se converter em autêntico espaço público de construção compartilhada da realidade. A resposta exige reconhecer, antes de tudo, nossa própria participação nesse jogo de sombras: compreender que a liberdade, para florescer, demanda coragem para resistir ao canto suave da complacência e disposição para reivindicar a voz própria em meio ao coro algorítmico. Desde a Antiguidade até hoje, a libertação frente à servidão voluntária passa por um despertar da consciência – um renovar do compromisso em não servir mais aos senhores fáceis, sejam eles de carne e osso ou algoritmos, códigos e máquinas. Somente assim poderemos vislumbrar, em meio às brumas do espetáculo, a possibilidade de uma democracia verdadeiramente viva, em que nem a técnica nem o temor apaguem o espírito livre que nos constitui enquanto cidadãos.

Afinal, a tirania mais deletéria não é a que oprime os seus súditos com grilhões de ferro, mas aquela que os faz acreditar livres, acorrentando, porém, suas mentes.

Principais autores e temas citados:

- **Étienne de La Boétie:** Servidão voluntária, submissão consentida ao poder.
- **Guy Debord:** Sociedade do espetáculo, imagem sobre substância.
- **Hannah Arendt:** Verdade, mentira, totalitarismo, propaganda, manipulação.
- **Jean Baudrillard:** Hiper-realidade, simulação substitui o real.
- **John Rawls:** Teoria da Justiça como equidade.
- **Jürgen Habermas:** Ação comunicativa, esfera pública, democracia deliberativa.
- **Lenio Streck:** Hermenêutica jurídica, interpretação, pré-compreensões dos juízes.
- **Michel Foucault:** Poder disciplinar, biopolítica, controle dos corpos.
- **Noam Chomsky:** Fabricação do consentimento, mídia, manipulação.

19. Hiperdemocracia e Participação Digital

1. Autores e Pensadores Relevantes sobre Democracia Digital

Entre os teóricos que discutiram e têm discutido como a tecnologia digital pode ampliar a participação democrática, Jürgen Habermas é uma referência central: sua teoria da esfera pública deliberativa enfatiza o papel do debate público para a autodeterminação coletiva. Na era da internet, autores inspirados por Habermas observam que a formação de opinião política via discurso público online tornou-se tão importante quanto os processos eleitorais tradicionais. As redes digitais possibilitam novos espaços de debate aberto que potencialmente expandem essa esfera pública, permitindo que mais vozes influenciem as decisões políticas.

Manuel Castells, o sociólogo autor do *The network society* (2005), argumenta que a internet transformou as relações de poder na comunicação. Em meados dos anos 2000, Castells afirmou que "a internet poderia ser um instrumento extraordinário de participação cidadã", criando um canal interativo direto entre cidadãos, governos e partidos. Ao mesmo tempo, ele alerta que muitos governos ainda usam a rede apenas de forma unidirecional – como um "mural de anúncios" – divulgando informações sem realmente absorver o feedback cidadão. Ou seja, a tecnologia tem potencial democratizante, mas isso depende de como é empregada pelas instituições.

Outros pensadores contemporâneos reforçam essas visões. Howard Rheingold, em Smart Mobs (2002), vislumbrou a mobilização política via redes móveis e comunidades virtuais, notando que a coordenação online poderia fortalecer a ação coletiva democrática. Pierre Lévy explorou a ideia de inteligência coletiva, na qual a colaboração em massa via plataformas digitais poderia redefinir processos de decisão, democratizando a produção de conhecimento. Clay Shirky também destacou o poder das mídias sociais em organizar indivíduos sem estruturas hierárquicas formais, implicando que grupos online poderiam influenciar políticas públicas de maneira inédita.

No campo da democracia eletrônica, pesquisadores como Lincoln Dahlberg analisam diferentes correntes teóricas. Dahlberg delineou quatro posições sobre democracia digital: a liberal-individualista (que valoriza a informação e voto online para aprimorar eleições), a deliberativa (focada na discussão racional nos fóruns virtuais), a de counter-publics (em que minorias usam a internet para criar esferas públicas alternativas) e a autonomista radical (que vê a rede como meio de mobilização antiinstitucional). Essa classificação mostra que o debate acadêmico vai desde visões entusiasmadas até críticas estruturais sobre o impacto da internet na democracia.

Entre os entusiastas práticos, Beth Simone Noveck defende o gov 2.0 e a governança colaborativa, como no projeto "Wiki Government", na qual cidadãos co-criariam políticas públicas online. Já críticos como Evgeny Morozov alertam para riscos de solucionismo tecnológico: Morozov cunhou o termo "populismo de plataforma" para descrever a crença de que ferramentas digitais permitiriam uma ação política direta não-mediada, o que pode favorecer líderes populistas se não houver deliberação de qualidade. Ainda assim, a maioria desses pensadores concorda que, quando bem implementadas, as tecnologias digitais podem aprofundar a democracia – seja pela via deliberativa (Habermas), em rede (Castells) ou participativa direta.

2. Experiências Práticas de Participação Digital no Mundo

Diversas iniciativas ao redor do mundo demonstram na prática o potencial da participação cidadã digital em políticas públicas. Dentre essas iniciativas, destaca-se uma que surgiu em solo brasileiro ainda antes da era digita, nos anos 1990, com o Orçamento Participativo. Ela depois evoluiu para o **Orçamento Participativo Digital**, que ganhou componentes online em várias cidades nas últimas décadas. Em Belo Horizonte, ocorreu em 2006 a primeira votação de orçamento participativo 100% via internet, mobilizando os moradores para decidir o destino de recursos em investimentos municipais. Cidades como Recife adotaram modelos híbridos, combinando assembleias presenciais e votações online. Fora do Brasil, cidades como Paris, Nova York e Madri também incorporaram plataformas digitais em seus processos de orçamento participativo, ampliando o alcance das decisões antes restritas a assembleias presenciais.

Outras iniciativas de relevo podem ser reunidas sob o título de **Plataforma de Propostas e Deliberação**. Uma delas foi formulada em Madri (Espanha), sob o nome de Decide Madrid. Ela permite que moradores apresentem propostas de políticas e projetos comunitários, debatam e votem nas ideias online. Ao longo de ciclos anuais, ideias cidadãs ficam em consulta por meses e as mais votadas são incluídas no projeto de orçamento da cidade. Outro caso de destaque é o vTaiwan, iniciativa de participação digital em Taiwan. Lançada em 2015, a plataforma combina debates online com encontros presenciais para construir consensos em torno de propostas de lei. Em apenas três anos, várias questões foram discutidas via vTaiwan e muitas resultaram em alguma ação governamental efetiva – incluindo soluções legislativas sobre regulação de caronas e política de álcool.

Outras experiências interessantes são as **votações e eleições online**. Nesse âmbito, a Estônia é referência mundial. Desde 2005, os cidadãos estonianos podem votar online em um sistema via internet (i-voting), usando seu cartão de identidade digital seguro. O sistema estoniano permite votação antecipada online durante quase uma semana, com a opção de o eleitor alterar seu voto eletrônico ou mesmo anular online votando presencialmente. Em 2023, mais da metade dos votantes estonianos votaram pela internet, mostrando alta confiança pública no sistema. Além da Estônia, outros países experimentaram votações digitais em menor escala, muitas vezes interrompidas por preocupações de segurança. Ainda assim, a experiência estoniana e pequenos projetos em outros locais indicam um caminho para eleições mais acessíveis no futuro.

Por fim, merecem menções iniciativas como as **petições e as consultas públicas online**, amplamente utilizadas por diversos governos, que adotaram plataformas de e-petição e consulta via internet para ouvir a população entre eleições. O Reino Unido e a Casa Branca (EUA) tiveram portais onde qualquer pessoa podia propor petições online e, ao atingir um número de assinaturas, forçar uma resposta ou debate governamental. No Brasil, o portal e-Cidadania do Senado Federal permite que cidadãos apresentem ideias legislativas e, com determinado número de apoios online, a sugestão é encaminhada para debate parlamentar oficial. A Câmara dos Deputados mantém o programa e-Democracia, promovendo debates online sobre projetos de lei e permitindo que contribuições dos cidadãos sejam analisadas pelas comissões.

Cada uma dessas experiências práticas – seja orçamentos participativos digitais, plataformas deliberativas ou votações online – evidencia tanto as oportunidades quanto os desafios da participação digital. Em comum, elas ampliam o alcance da voz cidadã nas decisões públicas e oferecem lições valiosas sobre desenho de sistemas inclusivos, seguros e efetivos.

3. Viabilidade da Hiperdemocracia Digital e Argumentos Favoráveis

A expressão *hiperdemocracia digital* refere-se a uma democracia de alta intensidade, por assim dizer, na qual o envolvimento cidadão é massivo, direto e contínuo graças às tecnologias digitais. Apesar de barreiras conhecidas, como as atinentes à segurança, às dificuldades de inclusão digital e de vontade política, diversos argumentos sustentam que essa visão é viável.

Um desses argumentos diz respeito à possibilidade de ampliação da participação política e de torná-la mais inclusiva. Efetivamente, ferramentas digitais reduzem barreiras de tempo e distância, permitindo que mais pessoas participem da vida política. O exemplo da Estônia mostra que o voto online trouxe maior comodidade e elevou a participação eleitoral. Essa conveniência digital pode estender-se à deliberação cotidiana, tornando o cidadão mais ativo e presente na política.

Outro argumento destaca a contribuição da coletividade para pensar projetos. Plataformas online bem desenhadas podem fomentar discussões públicas qualificadas e agregação de inteligência coletiva para resolver problemas complexos. Processos como o vTaiwan mostraram que, com moderação adequada e uso de algoritmos de síntese de opiniões, é possível extrair consensos de debates massivos. Assim, a participação digital pode trazer melhor qualidade deliberativa, dando suporte técnico e popular às decisões.

Esses recursos também proporcionam maior transparência e Responsividade Governamental. Governos que adotam plataformas participativas ficam mais expostos ao controle da população, pois as demandas cidadãs ficam mais visíveis e rastreáveis. Em uma hiperdemocracia digital, os cidadãos podem monitorar orçamentos em tempo real, denunciar problemas via aplicativos e votar propostas, obrigando representantes a reagir mais prontamente.

- **Exemplos Concretos de Sucesso:** A experiência estoniana de i-voting, o vTaiwan e os orçamentos participativos digitais no Brasil mostram que a hiperdemocracia digital não é utopia. Com desenho institucional e tecnológico adequados, funciona na prática. Esses casos mitigam o ceticismo, evidenciando que há caminhos para consolidar a soberania popular exercida de forma direta e frequente.
- **Superação de Barreiras Tecnológicas:** Riscos de segurança cibernética vêm sendo enfrentados com criptografia avançada, autenticação robusta e auditorias independentes. A inclusão digital ainda é um desafio, mas a expansão do acesso à internet e smartphones, aliada a políticas de universalização, sugere que a maioria da população poderia ser incorporada aos processos de decisão online.

Existe um consenso de que uma democracia digital viável precisa ser inclusiva, deliberativa e segura. No entanto, os pontos acima indicam que, apesar das barreiras, é possível desenhar sistemas de participação online que ampliem significativamente a democracia sem abolir as garantias do sistema atual.

4. Democracia Direta vs. Representativa no Brasil: Ampliação via Mecanismos Digitais

A democracia brasileira, formalmente representativa, sempre previu mecanismos de participação direta como complemento. A Constituição de 1988 introduziu mecanismos de democracia direta como plebiscitos, referendos e iniciativa popular de leis, mas esses instrumentos são pouco utilizados. Essa baixa aplicação se deve em parte a dificuldades logísticas e à falta de incentivo político. Aqui, as tecnologias digitais podem ampliar o papel da participação direta no Brasil.

Primeiro, mecanismos digitais podem facilitar o uso dos instrumentos diretos já previstos. Plataformas online podem viabilizar a coleta de assinaturas para projetos de lei de iniciativa popular de forma muito mais rápida e barata, autenticando eleitores via CPF ou certificado digital. No Senado Federal, com o e-Cidadania, qualquer ideia que reúna um determinado número de apoios virtuais é encaminhada como sugestão, o que, embora não tenha força de lei automática, pressiona o Legislativo a considerar temas da sociedade.

Além disso, as ferramentas digitais permitem consultas populares mais frequentes. Governos locais no Brasil começaram a experimentar enquetes e votações online sobre temas específicos, ainda que de maneira consultiva. Isso fortalece a relação entre representantes e representados: o político passa a ter canais para prestar contas e perguntar diretamente ao eleitorado sobre decisões complexas, legitimando suas ações com respaldo mais imediato da população.

No caso brasileiro, um ponto crucial é integrar a participação digital sem ferir o desenho institucional. A ideia não é abolir o Congresso ou câmaras municipais, mas sim enriquecê-los.

O portal e-Democracia da Câmara dos Deputados, por exemplo, permite que cidadãos debatam projetos e até proponham emendas em consultas públicas virtuais. Quando várias sugestões são incorporadas no relatório legislativo, percebe-se que a representação pode se abrir ao diálogo digital, tornando-se mais porosa.

Outro aspecto é o uso de tecnologias para aprimorar plebiscitos e referendos oficiais. Com votação eletrônica já consolidada, seria viável realizar consultas nacionais mais frequentes se houvesse vontade política. Poderiam ser feitos referendos digitais, por exemplo, via aplicativo seguro, desde que garantida a segurança e inclusão. A Suíça realiza referendos trimestrais (embora em papel); o Brasil, com recursos digitais, poderia consultar seus cidadãos com mais frequência a um custo menor.

É importante notar que o Brasil possui infraestrutura favorável, pois quase todos os eleitores já têm cadastro biométrico. Um sistema de votação online para referendos poderia usar o aplicativo e-Título, combinado com autenticação biométrica, invalidando o voto online caso o cidadão opte por votar em papel. Assim, os mecanismos diretos seriam ativados via internet sem perder a segurança da identificação do eleitor. Em resumo, os mecanismos digitais podem ampliar a democracia direta no Brasil facilitando o uso dos instrumentos existentes e inserindo camadas de participação contínua na democracia representativa. Essas inovações tendem a aproximar eleitores e eleitos, e aumentar a legitimidade das decisões.

5. Segurança e Metodologias para um Ambiente de Votação Digital Confiável

Para que a hiperdemocracia digital se concretize, é fundamental garantir que as votações e participações online ocorram em ambiente seguro, confiável e acessível. Diversos aspectos tecnológicos e metodológicos são essenciais:

- **Autenticação Segura de Eleitores:** Soluções incluem o uso de identidade digital oficial, como na Estônia. No

Brasil, poder-se-ia aproveitar bases como o CPF, o sistema gov.br e os dados biométricos da Justiça Eleitoral. A autenticação biométrica (impressões digitais, reconhecimento facial ou íris) inibe fraudes de identidade.

- **Criptografia e Segurança Cibernética:** Sistemas de votação digital devem usar protocolos criptográficos robustos para assegurar o sigilo do voto e a inviolabilidade dos dados. Além disso, canais de comunicação seguros e auditorias independentes são cruciais. Alguns defendem modelos baseados em blockchain, que oferecem resistência à adulteração, ainda que haja desafios de privacidade.
- **Garantias de Auditoria e Transparência:** Usar software de código aberto ou passível de inspeção, permitir verificação independente de cada voto e fornecer recibos de votação são metodologias importantes. O objetivo é dar confiança pública, permitindo a cada eleitor confirmar que seu voto foi contabilizado corretamente, sem revelar para quem votou.
- **Inclusão Digital e Usabilidade:** Um sistema seguro só cumpre seu papel se for acessível a todos. É preciso considerar quiosques de votação assistida, aplicativos leves compatíveis com celulares simples e campanhas de alfabetização digital. A meta é que o voto digital seja tão fácil quanto usar um aplicativo de mensagens para que a dificuldade tecnológica não exclua nenhum cidadão.
- **Experiências e Modelos Existentes:** A Estônia, como vimos, é um modelo completo de votação nacional online segura. A própria urna eletrônica brasileira, embora não conectada à internet, mostra que é possível apurar dezenas de milhões de votos com rapidez e segurança, e algumas práticas dela poderiam ser adaptadas para o ambiente online. Padrões internacionais, como os do Conselho da Europa, também fornecem princípios básicos para e-voting.

Construir um ambiente seguro de participação digital exige tecnologia forte (autenticação e criptografia), processos auditáveis e transparentes, e design inclusivo. Casos bem-sucedidos, como o estoniano, indicam que, embora desafiador, é viável implementar sistemas resilientes de votação e engajamento digital. A hiperdemocracia digital, portanto, depende sobretudo de decisão política para colocar tais sistemas em prática, respeitando preceitos de segurança e inclusão.

20. O Estado Liberal e Sua Evolução no Contexto do Estado Constitucional e Democrático de Direito

O conceito de Estado tem sofrido transformações radicais ao longo do tempo, passando de organizações políticas rudimentares a formas complexas no mundo contemporâneo. Refletir sobre o Estado Liberal dentro do contexto do Estado Constitucional e Democrático de Direito exige percorrer essa trajetória e compreender como o liberalismo se insere nesse processo histórico e filosófico. O Estado Liberal, consolidado entre os séculos XVIII e XIX, buscou limitar o poder público e garantir liberdades individuais. Já o Estado Constitucional e Democrático de Direito, fortalecido no século XX, ampliou tais fundamentos ao incorporar mecanismos de democracia de massas, direitos fundamentais e a supremacia constitucional. O itinerário exposto a seguir equilibra teoria e pragmatismo, descrevendo marcos históricos e debates filosóficos acerca do liberalismo e seu legado.

As transformações do poder político e as origens do liberalismo

Desde as primeiras sociedades tribais até as sociedades mais complexas da Antiguidade, o poder político assumiu formatos diversos, com líderes carismáticos ou conselhos de anciãos. O surgimento das cidades-Estado na Mesopotâmia e na Grécia trouxe instituições mais ordenadas, enquanto pensadores como Platão propunham um modelo ideal de governo exercido por reis-filósofos, sustentando que somente a virtude e a sabedoria poderiam fundar um Estado justo. Na prática, porém, o poder frequentemente se apoiava em autoridades religiosas ou na legitimidade divina.

A ideia de Estado como ente autônomo começou a ganhar contornos mais claros com a consolidação de monarquias absolutistas na Idade Moderna. Pensadores passaram a explorar a soberania como poder supremo e indivisível. Este processo culminou num modelo de Estado monárquico centralizado, legitimado pela crença no direito divino dos reis. Entretanto, no fim do século XVII e ao longo do XVIII, uma nova onda de ideias emerge, pautada no iluminismo, na razão e na defesa de direitos universais. Esse cenário prepararia o terreno para o Estado Liberal.

As teorias contratualistas de autores como Thomas Hobbes, John Locke e Jean-Jacques Rousseau fundamentaram a noção de que a legitimidade das autoridades políticas deriva de um pacto racional entre indivíduos livres e iguais. Nesse acordo, haveria a cessão de parcela da liberdade individual em nome da segurança coletiva. Não mais se pensava em justificativas divinas para legitimar o Estado, e sim no consentimento dos governados. Isso representou uma guinada conceitual decisiva no pensamento político ocidental. Cada autor apresentou distintas versões desse pacto, mas todos concordavam em reconhecer que a soberania emanava da sociedade, e não do rei como representante de Deus na Terra.

Iluminismo, revoluções e institucionalização do Estado Liberal

O Iluminismo foi o movimento intelectual que impulsionou a transição do absolutismo para o liberalismo. Filósofos como Voltaire, Diderot e Kant combateram a intolerância religiosa e o autoritarismo, advogando a liberdade de consciência e a dignidade humana. Essas ideias inspiraram duas grandes revoluções liberais: a Americana (1776) e a Francesa (1789). A Constituição dos Estados Unidos, de 1787, criou um governo limitado, com poderes separados e fiscalizados mutuamente, ao passo que a Declaração de Independência já proclamava a igualdade dos homens e seus direitos inalienáveis. Na França, a derrubada do Antigo Regime fez surgir a Declaração dos Direitos do Homem e do Cidadão, documento basilar que enfatizava a liberdade e a igualdade jurídicas e estabelecia a soberania na Nação.

A partir desses marcos, constituições liberais se espalharam pela Europa e pelas Américas, configurando o que se convencionou chamar de Estado Liberal. Caracterizava-se por limitar o poder político, garantir liberdades individuais, adotar a separação de funções estatais e reconhecer a livre iniciativa como pilar econômico. A burguesia, classe em ascensão com a Revolução Industrial, encontrava no Estado Liberal o quadro jurídico e político mais favorável ao desenvolvimento do capitalismo. Por outro lado, as massas trabalhadoras eram frequentemente excluídas do processo político, dada a adoção do sufrágio censitário (sistema eleitoral em que o direito de voto é restrito a cidadãos que atendem a determinados critérios econômicos, como a posse de uma renda mínima, o pagamento de um valor específico de impostos ou a propriedade de bens) em muitas nações. Foi apenas no fim do século XIX e início do XX que a democratização progressiva do sufrágio começou a moldar o que hoje conhecemos por democracia liberal, com sufrágio universal.

Estado Liberal, capitalismo e desigualdades

O Estado Liberal clássico privilegiou a liberdade individual e a propriedade privada, adotando o laissez-faire (expressão francesa que no contexto econômico refere-se a uma filosofia que rejeita a intervenção do Estado na economia, de modo a permitir que o mercado funcione livremente, guiado pelas leis da oferta e da demanda) como princípio econômico. Caberia ao governo apenas garantir segurança interna e externa, proteger contratos e propriedades. Essa orientação favoreceu o desenvolvimento capitalista, mas gerou amplas desigualdades. Trabalhadores urbanos, submetidos a regimes industriais intensos, viviam sem direitos sociais ou trabalhistas, muitas vezes em condições precárias. Dessa forma, o liberalismo se mostrou insuficiente para enfrentar injustiças geradas pelo próprio mercado.

Essa contradição alimentou diversos movimentos operários e socialistas, denunciando a exploração e cobrando maior intervenção do Estado para a defesa dos mais vulneráveis. Se, para a classe burguesa, a defesa da livre iniciativa era essencial, para o proletariado passou a ser igualmente fundamental a adoção de leis sociais e mecanismos de proteção. A tensão entre essas duas demandas se intensificou e, entre o fim do século XIX e as primeiras décadas do XX, o Estado Liberal sofreu uma série de reformas destinadas a equilibrar os efeitos negativos do capitalismo.

Do Estado Liberal ao Estado Constitucional Democrático

O século XX assistiu a crises profundas como as Grandes Guerras e a Grande Depressão. Tais eventos abalaram a crença irrestrita no livre mercado e impulsionaram o fortalecimento de um modelo de Estado que buscasse conciliar liberdade, democracia e justiça social. Após a Segunda Guerra Mundial, emerge o Estado Democrático e Social de Direito, ou simplesmente Estado Constitucional Democrático de Direito. Sob esse arranjo, o poder estatal se submete à supremacia de uma

Constituição garantidora não apenas de direitos individuais, mas também de direitos sociais, econômicos e culturais. A participação popular foi consolidada pelo sufrágio universal, e barreiras constitucionais dificultam o retrocesso de conquistas democráticas.

Nesse modelo, a legitimidade do governo se vincula ao consentimento obtido por meio de eleições e de instituições deliberativas, fortalecendo a transparência e o debate público. Habermas, por exemplo, argumenta que a legitimidade só se sustenta quando há processos comunicativos e racionais inclusivos, propiciando a formação de uma vontade coletiva autêntica. John Elster, em estudos sobre constitucionalismo e deliberação, igualmente enfatiza a importância de regras institucionais que incentivem o diálogo e impeçam a tirania de facções. Já Ronald Dworkin contribui ao ampliar o debate sobre a dimensão principiológica da Constituição, sugerindo que direitos fundamentais devem ser interpretados com base em princípios que transcendam o mero literalismo legal. E John Rawls, com sua teoria da justiça, propõe que o Estado deve garantir a distribuição equitativa de bens sociais, de modo que as desigualdades sejam justificáveis apenas se trouxerem benefícios aos mais desfavorecidos.

O Estado Constitucional Democrático de Direito adotou também sistemas de controle judicial, a fim de assegurar que ações legislativas e executivas permaneçam compatíveis com a lei fundamental. Tal controle promove um equilíbrio entre vontade popular e limites constitucionais, reforçando a proteção a minorias e prevenindo abusos de poder. Trata-se de uma evolução substancial em relação ao Estado Liberal clássico, em que, ainda que existissem constituições, nem sempre havia mecanismos eficazes para barrar ilegalidades ou arbitrariedades.

Desafios e perspectivas atuais

Se no século XIX a grande luta era para limitar o poder estatal e salvaguardar liberdades básicas, hoje as democracias constitucionais enfrentam questões mais complexas. Há debates sobre a renovação das instituições de representação, para torná-las efetivamente participativas. A ascensão de grupos e corporações economicamente poderosos traz novas formas de influência política que podem desequilibrar a democracia. Ao mesmo tempo, a globalização e os avanços tecnológicos desafiam a regulação estatal, com reflexos em soberania, proteção de dados, meio ambiente e direitos humanos.

As tensões entre neoliberalismo e Estado Social, por exemplo, indicam que a disputa em torno do papel do poder público permanece viva. Países de tradição social-democrata buscam preservar sistemas de bem-estar social, enquanto outros adotam políticas de austeridade. Há também democracias emergentes e novos arranjos de poder, com movimentos nacionalistas e populistas questionando o status quo liberal. Nesse panorama, a defesa dos valores constitucionais, somada ao aperfeiçoamento dos processos democráticos, segue como pilar fundamental na busca por um equilíbrio entre liberdade, igualdade e solidariedade.

O Estado Liberal continua a ser um marco essencial da história política, ao inaugurar a noção de poder limitado e a primazia das liberdades individuais. No entanto, a evolução para o Estado Constitucional Democrático de Direito mostra que o simples reconhecimento formal de direitos não é suficiente para garantir uma cidadania plena. É preciso articular garantias fundamentais com mecanismos de participação política, justiça social e efetividade da Constituição. Assim, pode-se dizer que a construção de um Estado que seja simultaneamente liberal e democrático é um projeto em contínua transformação, cujo êxito depende da permanente interação entre sociedade civil, instituições e normas constitucionais.

21. Direito e Consciência Cidadã: Hermenêutica, Preconceitos e Desinformação

No campo jurídico e na vida política, a interpretação desempenha um papel central. Todo intérprete – seja um juiz aplicando a lei, seja um cidadão compreendendo seus direitos e deveres – aproxima-se dos textos e fatos munido de pré-compreensões, isto é, ideias prévias, valores e expectativas formados por sua tradição e experiência. O jurista e filósofo brasileiro Lenio Streck enfatiza que nenhuma interpretação parte de uma tábula rasa; ao contrário, carrega consigo pré-juízos que influenciam o sentido atribuído às normas e à realidade. Este capítulo explora o papel dessas pré-compreensões no universo do intérprete, conforme abordado por Streck, integrando perspectivas filosóficas e jurídicas. Em especial, discute-se como preconceitos e distorções informacionais (como as fake news) afetam a interpretação do direito e a formação da consciência cidadã, sabotando a capacidade do indivíduo de agir conscientemente como titular de direitos e deveres. Também se aborda de que forma a manipulação da informação pode anular a autonomia do indivíduo e fomentar conflitos artificiais entre cidadãos, impedindo a construção de consensos sociais – o "chão comum" de entendimento mútuo, nos termos de Habermas. Por fim, são apresentadas reflexões sobre possíveis soluções para mitigar tais impactos, à luz do direito e da filosofia política, visando fortalecer tanto a hermenêutica jurídica quanto a esfera pública democrática.

Hermenêutica Jurídica e o Papel das Pré-compreensões

A virada ontológico-hermenêutica iniciada por Heidegger e Gadamer transformou nossa compreensão sobre o ato de interpretar. Heidegger demonstrou, em suas reflexões sobre o Dasein, que compreender não é um ato puramente cognitivo de captar um objeto externo, mas um fenômeno enraizado na própria existência, permeado por estruturas prévias do ser-no-mundo. Gadamer, expandindo essa visão para as ciências humanas, sustentou que todo entendimento é historicamente situado – carregamos preconceitos (no sentido de pre-juízos) que moldam nossa percepção. Importa notar que o termo "preconceito" aqui não tem necessariamente conotação pejorativa, mas designa ideias prévias inevitáveis que possibilitam a compreensão.

Lenio Streck apropria-se dessa hermenêutica filosófica para repensar a interpretação jurídica. Desde suas primeiras obras sobre o tema, ele empreende uma crítica ao senso comum teórico dos juristas, combatendo tanto o objetivismo ingênuo quanto o relativismo desenfreado na aplicação do Direito. Para Streck, reconhecer o papel das pré-compreensões significa recusar a ideia de que o intérprete possa simplesmente "extrair" do texto jurídico um sentido pronto e acabado, como sugeriam as metodologias exegéticas clássicas. Em vez disso, interpretar é sempre também aplicar; a interpretação jurídica acontece no caso concreto e traz em si a carga histórica e valorativa do intérprete e da comunidade.

Contudo, admitir a inevitabilidade das pré-compreensões não implica abrir as portas ao subjetivismo arbitrário. Ao contrário, Streck destaca que a tradição e a linguagem fornecem um horizonte de sentido vinculante, que o intérprete não pode manipular à vontade. Os significados não dependem de seu arbítrio individual; se o julgador impõe pura e simplesmente sua vontade pessoal ao texto, deixa de haver genuína hermenêutica e passa a ocorrer uma violência interpretativa. Assim, embora todo juiz ou intérprete traga pressupostos pessoais, ele não tem liberdade para projetar qualquer sentido nas normas – há limites dados pela própria tradição jurídico-constitucional e pelo compromisso com a racionalidade prática.

Streck, dialogando com Gadamer e com Ronald Dworkin, sustenta que é possível distinguir pré-compreensões legítimas das ilegítimas. Tanto em Gadamer quanto em Dworkin, encontra-se a possibilidade de separar "boas e más decisões", ou pré-juízos autênticos/legítimos e inautênticos/ilegítimos. Independentemente das concepções pessoais dos juízes sobre justiça, estes devem se submeter a uma restrição superior e independente – a integridade – nas decisões que proferem. Ou seja, há preconceitos que são "autênticos" porque informados pela tradição constitucional e pelos princípios de integridade e coerência do Direito, enquanto pré-noções puramente subjetivas ou ideológicas do intérprete seriam "inautênticas" por se descolarem desse parâmetro intersubjetivo.

A Crítica Hermenêutica do Direito, proposta por Streck, visa exatamente controlar o voluntarismo e o solipsismo decisório a partir da força vinculante da tradição e da unidade entre interpretar e aplicar. Desse modo, evita-se o perigo de um juiz decidir conforme inclinações idiossincráticas (o sujeito solipsista, que acredita que apenas a sua consciência existe, e tudo o mais — outras pessoas, o mundo exterior, objetos — pode ser uma projeção ou criação da sua mente) e garante-se uma abertura de sentido dentro dos marcos da história e do Direito posto, produzindo decisões íntegras e coerentes. Em síntese, na visão de Streck, as pré-compreensões são condição de possibilidade da interpretação jurídica – não meros palpites subjetivos, mas elementos que orientam o olhar do intérprete. O reconhecimento desse papel exige responsabilidade hermenêutica: o intérprete deve submeter seus preconceitos ao crivo da tradição normativa e da racionalidade, sob pena de incorrer em arbitrariedade.

Preconceitos, Interpretação e Consciência Cidadã

Se no plano técnico do Direito as pré-compreensões influenciam juízes e juristas, no plano social amplo, cada cidadão também interpreta o mundo e as normas a partir de suas concepções prévias e da informação disponível. A consciência cidadã – ou seja, a compreensão que o indivíduo tem de si mesmo como sujeito de direitos e deveres perante o Estado e os demais – é igualmente moldada por ideias herdadas da cultura, da mídia e do meio em que vive. Quando essas pré-noções estão distorcidas ou viciadas, a capacidade de o cidadão agir de forma consciente e emancipada fica comprometida.

Um exemplo claro são os preconceitos sociais ou ideológicos que impedem a efetivação de direitos fundamentais. Cidadãos podem nutrir ideias preconcebidas que derivam de narrativas deturpadas – por exemplo, a noção de que certos grupos "não merecem" determinados direitos, ou de que direitos humanos seriam um "obstáculo" à segurança. Essas crenças prévias condicionam a interpretação que as pessoas fazem das leis e das políticas públicas, frequentemente levando-as a agir contra seus próprios interesses ou contra os princípios democráticos. Assim, a pré-compreensão viciada funciona como uma lente que deforma a realidade.

As distorções informacionais agravam esse quadro. Em uma era de avalanche informativa, em que o cidadão médio é bombardeado por notícias e opiniões, muitas vezes faltam critérios claros para distinguir o verdadeiro do falso, o relevante do trivial. Se as fontes que formam a consciência do indivíduo estão contaminadas por vieses ou informações errôneas, ele formará pré-compreensões distorcidas sobre a realidade social e jurídica. Nesse sentido, preconceitos e desinformação andam de mãos dadas: boatos e estereótipos alimentam discriminações, enquanto informações falsas consolidam percepções equivocadas.

Um cidadão mal-informado não consegue atuar conscientemente como sujeito de direitos – pois sua compreensão está assentada em premissas falsas. Estudos indicam que as fake news distorcem a realidade e induzem as pessoas a agirem contra si ao abrirem mão de direitos e garantias fundamentais previstos na Constituição. Em outros casos, teorias conspiratórias podem fazer o indivíduo crer que seu envolvimento cívico não faz diferença ou que determinados programas públicos são ameaças inexistentes, prejudicando um exercício crítico de participação social.

A presença de preconceitos enraizados ainda pode minar a solidariedade e a noção de coletividade necessária para a vida republicana. Quando segmentos da população carregam visões estigmatizantes sobre outros grupos, dificulta-se o reconhecimento recíproco como iguais em dignidade e direitos. O resultado é a fragmentação do corpo político: em vez de cidadãos que dialogam e cooperam, formam-se facções mutuamente hostis, cada qual alimentando suas bolhas de pré-concepções. Essa cisão muitas vezes é explorada e acentuada por fluxos direcionados de desinformação. Em suma, preconceitos não examinados e informações deturpadas funcionam como algemas cognitivas, aprisionando o cidadão em uma visão limitada de si e do mundo e impedindo-o de exercer plenamente a cidadania iluminada pela razão crítica e pelo conhecimento verídico de seus direitos e deveres.

Fake News e a Sabotagem do Autoconhecimento do Cidadão

No cenário contemporâneo, o fenômeno das fake news – notícias deliberadamente falsas ou enganadoras disseminadas sobretudo via mídias digitais – desponta como um dos principais sabotadores da capacidade de autocompreensão do indivíduo enquanto portador de direitos. Vivemos o que se chama de era da pós-verdade, em que fatos objetivos importam menos do que apelos às emoções e convicções pessoais. Nesse contexto, a mentira organizada prolifera de maneira alarmante. Hannah Arendt, em meados do século XX, já advertia sobre os perigos da manipulação massiva da realidade, distinguindo a mentira política tradicional da moderna mentira organizada de massa, muito mais insidiosa.

O impacto disso no autoconhecimento do cidadão como sujeito de direitos é devastador. Autoconhecer-se como cidadão implica saber situar-se na realidade social e política – compreender quais são seus direitos, quem é responsável por garanti-los ou ameaçá-los, quais deveres lhe cabem e em que contexto vive. As fake news, ao deformarem os fatos e apresentarem narrativas fictícias como verdadeiras, sabotam essa ancoragem do indivíduo no real. O cidadão iludido por notícias falsas perde a referência segura para julgar governantes, instituições e até mesmo suas próprias ações.

Considere-se, por exemplo, a influência de teorias conspiratórias disseminadas on-line: indivíduos convencidos de que há um complô global secreto podem se sentir impotentes ou dispensados de engajamento cívico, abdicando assim de seu papel ativo na democracia. Outros, iludidos por fake news sobre minorias ou opositores políticos, podem apoiar medidas autoritárias que violam direitos fundamentais, agindo em detrimento de seus próprios interesses, mas achando que estão defendendo a sociedade. Trata-se de uma forma de alienação, pois o indivíduo já não existe mais como cidadão livre e titular de direitos, mas sim como peça de um jogo nebuloso definido por narrativas manipuladoras.

A sabotagem operada pelas fake news pode ser compreendida como uma reedição moderna do conceito de falsa consciência, no qual ideologias dominantes impedem as pessoas de reconhecer sua posição real e seus verdadeiros interesses. Agora, a falsa consciência é instilada não apenas por ideologias no sentido clássico, mas por uma cacofonia de desinformação que torna extremamente difícil distinguir o verdadeiro do falso. Jürgen Habermas, em suas análises recentes sobre a transformação digital da esfera pública, identifica as fake news como um sintoma das patologias na comunicação social. Nesse processo, não se trata apenas da proliferação de notícias falsas, mas do fato de que elas já não podem sequer ser identificadas facilmente, dado o ambiente de confusão generalizada entre fato e ficção.

De fato, as fake news representam um ataque frontal à autonomia intelectual do cidadão. Enquanto um fluxo informativo saudável municia o indivíduo de dados verídicos para formar juízo, a desinformação faz o oposto: desempodera o sujeito, roubando-lhe a matéria-prima necessária para o pensamento esclarecido. Na descrição arendtiana, sociedades imersas em mentiras contínuas acabam levando as pessoas a acreditarem em tudo e em nada, destruindo o tecido de realidade comum necessário ao exercício do juízo. Nessa conjuntura, a cidadania esclarecida se vê comprometida em seu cerne.

Manipulação Informacional, Conflitos Artificiais e o Fim do *Common Ground*

Um dos efeitos sociais mais nefastos da difusão indiscriminada de desinformação e da reiteração de preconceitos infundados é a geração de conflitos artificiais entre cidadãos, aliada à erosão do individualismo crítico em favor de mentalidades coletivas manipuladas. Essa manipulação informacional muitas vezes opera pelo princípio de "dividir para conquistar": narrativas enganosas são dirigidas a diferentes grupos para acirrar polarizações e eliminar qualquer terreno comum de diálogo. Como consequência, a sociedade fragmenta-se em bolhas que não se comunicam, cada qual moldada por sua própria realidade fabricada.

Nesse ambiente, fala-se em "anulação do individualismo" porque os indivíduos deixam de pensar por si para reagir quase reflexivamente aos estímulos do ecossistema informacional enviesado. A autonomia do pensamento cede lugar a comportamentos de manada, guiados por palavras de ordem e fake news viralizadas. Já não se trata do cidadão racional clássico, mas de grupos engajados em guerras narrativas muitas vezes artificiais. Em tal contexto, o espaço para a dúvida individual ou para a reflexão nuançada é reduzido, pois cada grupo repele imediatamente qualquer informação dissonante.

A consequência direta desse processo é a impossibilidade de construção de consensos sociais mínimos. Para que uma democracia funcione, é preciso um common ground, um chão comum de compreensão e concepções partilhadas sobre as quais se possa debater. Habermas enfatiza que a comunicação orientada ao entendimento mútuo pressupõe uma base de sinceridade, veracidade factual e disposição para considerar os argumentos do outro. Quando a manipulação informacional destrói a confiança na veracidade e converte o debate público em um choque de versões inconciliáveis, o projeto de um consenso racional fica inviabilizado. A esfera pública deixa de ser um fórum de deliberação e converte-se num campo de batalha entre "realidades" distintas, incomunicáveis entre si.

Esse fenômeno aprofunda a hiperpolarização, alimentada por notícias falsas e discursos de ódio. Ele cria divisões artificiais, frequentemente intensificando ou mesmo fabricando divergências além do que as diferenças objetivas já justificariam. Nesse ambiente, as pessoas tendem a reafirmar suas crenças mesmo diante de evidências em contrário. A polarização impede que se alcancem consensos ou que se estabeleça um terreno comum, alimentando a cultura do cancelamento e as fake news. O resultado é uma sociedade onde conflitos infundados eclipsam problemas concretos, desviando a atenção da cidadania. Em última instância, a falta de common ground torna impossível até mesmo o compromisso de discordar dentro de regras básicas de respeito e racionalidade. Quando não há acordo sobre fatos, qualquer dissenso descamba para acusações mútuas e animosidade tribal.

Habermas, que estuda a transformação da esfera pública desde o Iluminismo, mostra-se preocupado com os riscos trazidos pela manipulação digital do espaço público. Ele identifica as fake news como ameaças que, somadas à mercantilização da esfera privada, podem colocar em perigo a democracia contemporânea. Em outras palavras, a existência de um debate público saudável – em que divergências sejam dirimidas por meio de argumentos e evidências compartilhadas – é o sustentáculo da democracia. A manipulação informativa mina esse sustentáculo ao solapar as concepções compartilhadas, dissolvendo o tecido de confiança pública e aniquilando a possibilidade de se construir convergências mínimas em torno de pautas de interesse comum.

Caminhos para Mitigar os Impactos: Perspectivas Jurídicas e Político-Filosóficas

Diante desse panorama – em que pré-compreensões distorcidas e informações falsas ameaçam tanto a boa interpretação do Direito quanto a consciência cidadã e a coesão social – impõe-se refletir sobre soluções possíveis. Esses caminhos devem articular dimensões jurídicas (institucionais, normativas) e filosófico-políticas (educacionais, culturais) para enfrentar o desafio de corrigir ou calibrar as pré-compreensões e sanear o ecossistema informacional.

No âmbito do Direito e das instituições jurídicas, é fundamental aprofundar a consciência hermenêutica entre os operadores do Direito. Juízes, promotores, advogados e legisladores precisam reconhecer seus pressupostos interpretativos e assumir uma postura de permanente crítica e autorreflexão. Para isso, uma formação jurídica adequada é estratégica. E ela deve enfatizar a hermenêutica filosófica, apresentando autores como Gadamer, Dworkin e o próprio Streck. Isso dotaria os operadores de ferramentas para identificar preconceitos inautênticos e evitar decisionismos arbitrários.

É igualmente relevante criar parâmetros normativos contra a desinformação que afeta direitos, especialmente em contextos eleitorais e sanitários. Já se discute a responsabilização penal e cível para quem divulga notícias falsas que caluniam ou difamam, e a Justiça Eleitoral tem buscado punir candidatos que se beneficiem de disparos massivos de boatos, entendendo isso como abuso de poder político ou econômico. Tais medidas visam desestimular a difusão deliberada de mentiras que deformam a vontade popular ou lesam direitos de terceiros. Contudo, *é preciso equilibrar esse combate com a garantia da liberdade de expressão, para não se incorrer em censura*. A chave está em *responsabilizar a desinformação dolosa e organizada, sem tolher o debate legítimo*.

Uma via de equilíbrio é fortalecer a transparência e a checagem de fatos no discurso oficial e midiático. É possível exigir que plataformas de mídia social sejam mais proativas em identificar e sinalizar conteúdo manifestamente falso, sobretudo quando produzido por robôs ou perfis inautênticos. Na seara eleitoral, já se propôs a criação de comissões independentes de verificação, capazes de desmentir boatos em tempo hábil. Porém, nenhuma regulação eliminará completamente a desinformação – a mentira sempre encontra canais de difusão. As soluções jurídicas precisam, pois, ser acompanhadas de soluções educacionais e culturais de longo prazo.

Do ponto de vista filosófico e político, um elemento central para mitigar os impactos da má hermenêutica e da desinformação é a educação para a autonomia crítica. Isso envolve desde a educação básica até a formação continuada de adultos. É crucial inserir nos currículos a educação midiática e informacional, capacitando futuros cidadãos a avaliar criticamente fontes, checar notícias e reconhecer vieses. De modo mais amplo, a educação deve apresentar aos jovens a realidade e a história de um mundo comum, pois somente com referência a fatos partilhados se pode resistir à mentira organizada. Em termos arendtianos, a educação configura um importante modo de resistência às fake news.

Além disso, é necessário revitalizar a esfera pública deliberativa. Isso implica fomentar espaços de diálogo genuíno entre diferentes grupos sociais, resgatando a possibilidade de construção de pontes que superem divisões políticas. Experiências de fóruns deliberativos e debates moderados, presenciais ou online, podem reduzir a desconfiança mútua. Projetos de checagem de notícias comunitários e de discussão baseada em evidências também têm mostrado algum sucesso em reaproximar indivíduos de opiniões divergentes, reconstruindo um mínimo de concordância sobre os fatos. Tais iniciativas coadunam-se à proposta habermasiana de recriar as condições do diálogo livre de coerção, em que os melhores argumentos prevaleçam sobre os slogans enganosos.

A reconstrução do common ground também passa pela valorização e proteção das instituições de conhecimento e de informação independente, como a imprensa livre e as universidades. Tais espaços precisam operar com independência para que a busca da verdade factual não seja distorcida por interesses políticos e econômicos. Proteger a imprensa contra a censura governamental e contra a dependência de cliques e publicidade direcionada, que frequentemente premiam o sensacionalismo e a manipulação pelo poder econômico, é essencial. Políticas públicas de apoio ao jornalismo investigativo e local, além de marcos regulatórios para a transparência algorítmica das grandes plataformas digitais, podem contribuir positivamente.

Por fim, mas não menos importante, é preciso o engajamento crítico de cada cidadão. Não basta delegar apenas ao Estado ou às *big techs* a tarefa de conter a desinformação; cada indivíduo, como titular de direitos e agente na esfera pública, tem responsabilidade de precaver-se de manipulações. Isso significa prestar atenção ao compartilhar conteúdos, evitando passar adiante conteúdos duvidosos, verificar a procedência antes de repassar notícias e, de forma ativa, promover a melhor informação possível em vez das mentiras que prejudicam o processo democrático. Essa conscientização do dever cívico de precaver-se de ser enganado e enganar, consolidando a veracidade como valor – uma espécie de ética da informação – deve ser difundida como parte essencial do sentido de cidadania no século XXI.

Em síntese, as pré-compreensões são inevitáveis no horizonte de qualquer intérprete, mas o destino da interpretação – seja de um texto legal, seja da realidade social – depende de como lidamos com elas. Lenio Streck mostra, inspirado por Gadamer e Dworkin, que reconhecer o papel dos pré-juízos não equivale a sucumbir ao relativismo. Pelo contrário, ao compreender que todo sentido provém de um encontro entre nossa historicidade e a tradição, podemos assumir uma atitude hermenêutica consciente, separando o que é legítimo daquilo que é puramente idiossincrático. No âmbito jurídico, isso reforça a necessidade de decisões íntegras e argumentativamente controladas, livres de arbitrariedades pessoais. No âmbito da cidadania, implica formar indivíduos capazes de refletir criticamente sobre as informações que recebem e as crenças que adotam, não se deixando manipular por narrativas falsas.

Por outro lado, ignorar a influência das pré-compreensões – ou permitir que preconceitos e fake news reinem sem contraponto – conduz a um quadro sombrio. A interpretação do direito, se capturada por visões particulares ou populistas, deixa de ser construção de sentido e se converte em imposição de vontade, rompendo o pacto democrático. Da mesma forma, a consciência cidadã, quando enredada em ilusões, degrada-se em alienação e sectarismo. A história testemunha que uma sociedade mergulhada em falsas narrativas acaba erodindo os alicerces do Estado de Direito e abrindo espaço para aventuras autoritárias, pois uma opinião pública manipulada pode abdicar de direitos sem sequer se dar conta.

Nesse sentido, torna-se fundamental reconstituir o espaço da razão comunicativa. Isso exige esforços coordenados: aprimorar a hermenêutica jurídica, educar para a mídia, responsabilizar a desinformação intencional, incentivar o jornalismo responsável e, acima de tudo, cultivar nos cidadãos o apreço pelos fatos e pela discussão racional. É um projeto ambicioso, mas imprescindível para que as democracias mantenham sua vitalidade. Assim como Kant convocava cada indivíduo a "ousar saber" por si mesmo, hoje precisamos conclamar a sociedade a ousar discernir, em meio a um fluxo caótico de informações, o que corresponde à realidade. Somente assim poderemos superar pré-compreensões que nos dividem e valorizar aquelas, oriundas de uma tradição democrática e racional, que nos unem em torno do ideal de um Estado de Direito e de uma cidadania esclarecida.

22. Jurisdição e Democracia no Brasil a Partir da Concepção de Habermas

A discussão acerca da legitimidade do Direito em sociedades democráticas contemporâneas vem ganhando destaque, sobretudo em contextos de crescente judicialização das relações sociais. O Brasil vivenciou, nas últimas décadas, um notável protagonismo do Poder Judiciário, impulsionado por uma Constituição cidadã (1988) que ampliou a gama de direitos fundamentais e previu instrumentos de participação e controle social. Ao mesmo tempo, diversos segmentos da sociedade questionam se o arranjo institucional efetivamente assegura a legitimidade pretendida, especialmente quando decisões sensíveis são tomadas de modo aparentemente distante da vontade popular.

É nessa seara que as reflexões de Jürgen Habermas, especialmente no que tange à teoria da ação comunicativa e à democracia discursiva, apresentam contribuições valiosas. Habermas entende que a legitimidade jurídica – e, em última análise, a legitimidade das próprias instituições democráticas – depende de processos de formação da vontade política que sejam lastreados em práticas argumentativas, de modo que todos os afetados pelas normas possam participar da construção de consensos racionais. O Direito, então, deixa de ser mero instrumento de coerção estatal ou de consolidação de valores hegemônicos, para se apresentar como fruto de um processo de comunicação intersubjetiva, que tem no debate público o lugar de sua legitimação.

No cenário brasileiro, a aplicação de tais ideias pode ter efeitos práticos na forma como interpretamos a jurisdição constitucional, o papel do Supremo Tribunal Federal (STF), as instâncias colegiadas dos tribunais e mesmo a atuação dos juízos de primeiro grau. Em sintonia com o deslocamento do centro decisório para a esfera do Judiciário, emerge o debate sobre a legitimidade das cortes para produzir políticas públicas ou, pelo menos, influenciar fortemente o seu desenho. Essa questão, como veremos, está no cerne do diálogo entre moral, Direito e democracia, o qual Habermas desenvolve a partir, sobretudo, de uma leitura diferenciada do legado de Kant e das críticas ao positivismo jurídico.

2. Fundamentos Teóricos: de Kant a Habermas

A compreensão habermasiana acerca do vínculo entre moral, Direito e democracia tem raízes claras na distinção kantiana entre moralidade (esfera dos deveres internos, marcados pela autonomia e pela motivação pessoal) e legalidade (obrigação externa derivada das normas jurídicas). Para Kant, o que define a ação moralmente válida é a motivação interior do agente em cumprir o dever pelo dever, enquanto as normas jurídicas se sustentam na coerção externa, independentemente da motivação individual. Uma distinção que Kant herda claramente de Aristóteles, quando o filósofo grego conclui que a εὐδαιμονία (*Eudaimonia* - geralmente traduzida como felicidade, ou, numa tradução mais acurada filosoficamente, como florescimento humano) só é alcançada por alguém que encontre prazer na virtude, algo além de simplesmente agir como age o virtuoso.

Habermas, por sua vez, reelabora essa cisão, reconhecendo a confluência entre Direito e moral, mas enfatizando que o Direito opera em um nível institucional, ultrapassando os limites do "eu devo moral". Diferentemente da moral, que se situa num plano de convicção pessoal, as normas jurídicas se impõem de maneira heterônoma e exigem obediência vinculante. Ainda assim, argumenta-se que o Direito legítimo depende de uma fundamentação discursiva que se aproxima do ideal moral de universalização. Nessa dinâmica, a legitimidade nasce quando aqueles que serão afetados pelas normas participam (direta ou indiretamente) do processo de formação dessas normas.

A "ação comunicativa" de que fala Habermas se apoia na noção de que os indivíduos são agentes capazes de compreensão mútua, orientados pela busca do melhor argumento. No contexto social, a razão comunicativa se opõe à razão instrumental, ampliando o escopo de participação e, por consequência, a legitimidade das decisões políticas e jurídicas.

3. Modernidade, Consenso e Legitimidade

A modernidade, segundo Habermas, inaugura um estágio em que a moral se torna autônoma e não pode mais se apoiar em tradições comunitárias ou religiosas para legitimar as normas de convivência. Ao mesmo tempo, o Direito, institucionalizado, requer fundamentação que não dependa apenas da força ou da tradição, mas que seja fruto de um processo racional de deliberação. Essa visão dialoga com o enfoque kantiano de que os seres humanos são livres e racionais, capazes de criar suas próprias leis a partir do uso público da razão.

No entanto, Habermas não ignora que as sociedades modernas, complexas e pluralistas, são marcadas por conflitos de interesses, tendo no sistema político uma arena onde grupos organizados disputam a alocação de recursos e o reconhecimento de direitos. Assim, a crise de legitimação decorre da incapacidade de meros mecanismos eleitorais – baseados na representação – satisfazerem a vasta gama de demandas sociais. Partidos políticos e outras instituições podem se distanciar da massa eleitoral, privilegiando interesses específicos. Surge, então, a necessidade de ampliar os "canais comunicativos" entre a sociedade civil e a esfera decisória, introduzindo uma dinâmica de participação que, embora não substitua o modelo representativo, o complemente de forma significativa.

4. Democracia Deliberativa e Ação Comunicativa

A noção de "democracia discursiva" ou "democracia procedimental" habermasiana sustenta que a legitimidade democrática é fruto de processos inclusivos de deliberação. Nesse sentido, não basta a existência de eleições periódicas: é preciso estruturar espaços públicos em que os cidadãos possam discutir livremente e influir na formação da vontade política. Isso ocorre tanto em fóruns institucionais (parlamentos, audiências públicas, conselhos setoriais) quanto em espaços paraestatais, como movimentos sociais, associações civis, universidades e veículos de comunicação.

Nesse arranjo, a função do Direito torna-se crucial. Ele não é mais mero reflexo de valores previamente dados ou de imposições hierárquicas. Ao contrário, o Direito situa-se como o meio formal de cristalizar o consenso resultante da deliberação pública. Quando devidamente construído, o ordenamento jurídico passa a ser reconhecido como legítimo, porque decorre de um processo argumentativo aberto a todas as vozes que possam contribuir com argumentos racionais.

5. Jurisdição, Moral e Direito

Para Habermas, o Judiciário, como parte do sistema político, não deve ser passivo, mas também não pode assumir o lugar de um legislador positivo que substitui o debate público. As cortes, especialmente as constitucionais, exercem um papel interpretativo que precisa estar atento ao conteúdo moral subjacente aos direitos fundamentais. Esse aspecto revela uma zona de aproximação com Ronald Dworkin, que defende a busca pela resposta correta em termos de princípios morais e de justiça, ainda que reconhecendo o impacto das escolhas políticas. Contudo, se Dworkin enfatiza a postura do juiz em descobrir o significado moral das normas, Habermas sugere que tal descoberta não é um ato solitário de interpretação, mas antes deve espelhar um processo comunicativo no qual o juiz também é participante.

Em termos brasileiros, a jurisdição constitucional tem se mostrado bastante ativa, notadamente em temas como políticas de ação afirmativa, saúde pública, casamento entre pessoas do mesmo sexo, questões ambientais e demarcação de terras indígenas. Para alguns, essa "judicialização da política" é positiva, pois corrige omissões do Legislativo e concretiza direitos fundamentais. Para outros, gera problemas de legitimidade, pois transfere para um grupo restrito de ministros togados a decisão sobre temas socialmente sensíveis, o que poderia substituir a arena democrática e suas disputas legítimas.

6. Breve Histórico da Democracia e Jurisdição no Brasil

O Brasil, após um longo período de autoritarismo (1964-1985), consolidou a transição democrática na Constituição Federal de 1988. Nesse documento, há previsão de uma série de instrumentos de participação popular, como referendos, plebiscitos e iniciativas legislativas populares, embora o uso efetivo desses mecanismos seja esporádico. Também houve a consagração formal de diversos direitos sociais e coletivos, incentivando a sociedade civil a demandar ativamente a concretização desses direitos pela via judicial.

De fato, a Constituição de 1988 possibilitou o ingresso de demandas no STF por meio de ações diretas de inconstitucionalidade (ADIs), arguições de descumprimento de preceito fundamental (ADPFs) e outras ações. Essa abertura ampliou o poder do Judiciário na mediação de conflitos e na interpretação dos direitos, reforçando a necessidade de se examinar a legitimidade dessas instâncias decisórias.

Por outro lado, a esfera pública brasileira é marcada por desigualdades econômicas, sociais e regionais, que dificultam a efetiva participação de todos nos processos decisórios. Grupos marginalizados, sem acesso qualificado ao Judiciário, carecem de representação política eficaz, o que tende a distorcer a "comunicação ideal" preconizada por Habermas. Ainda assim, as mobilizações sociais e as organizações da sociedade civil vêm construindo, em distintos graus, formas de influenciar o debate público e, por consequência, as instâncias jurídicas, que passam a ser consideradas fóruns adicionais de conquista de direitos.

7. O Papel do STF e a Formação da Vontade Democrática

O Supremo Tribunal Federal, enquanto guardião da Constituição, desempenha um papel-chave nesse cenário. Em muitos casos, o STF atua como um interlocutor que "traduz" em linguagem jurídica as demandas da sociedade, ao mesmo tempo em que cria significados normativos que orientam a governança pública. É notório que, para Habermas, essa jurisdição constitucional não deveria se sobrepor ao debate democrático, mas, ao contrário, funcionar em sintonia com ele.

Desse modo, o Judiciário idealmente operaria como um "catalisador" de processos democráticos, submetendo-se à razão comunicativa quando interpreta os dispositivos constitucionais. Isso requer que a atividade jurisdicional seja permeável ao diálogo, seja por meio de audiências públicas, seja pela consulta a diversos segmentos afetados, seja pelo reconhecimento de amici curiae com representatividade. Assim, aproximar-se-ia do ideal de que as decisões jurídicas reflitam não apenas a dogmática formal, mas também as vozes e argumentos provenientes de diferentes esferas sociais.

8. A Critérios de Legitimidade no Exercício Jurisdicional

A legitimidade das decisões judiciais em uma democracia discursiva pode ser aferida pela qualidade do processo que conduziu ao resultado. Se as partes afetadas tiveram oportunidade de se manifestar, se a decisão foi precedida de debates amplos e transparentes, se a fundamentação do órgão julgador responde às objeções levantadas, podemos falar em legitimidade discursiva. Entretanto, se a jurisdição atua de modo a restringir o debate público ou ignora as diferentes posições em jogo, sofre críticas sob a ótica habermasiana.

Além disso, a legitimidade também pode ser afetada pelo acesso desigual à justiça, pela disparidade de recursos financeiros ou pelo excesso de formalismos processuais que dificultam a participação de pessoas e grupos vulneráveis. A ausência de instrumentos de facilitação de litígios coletivos ou a adoção de filtros recursais muito restritivos tende a prejudicar a efetividade de uma comunicação ampla e democrática no âmbito judicial.

9. Críticas e Tensões

Entre as críticas à abordagem habermasiana, especialmente quando transposta para o campo jurídico brasileiro, destacam-se:

Excesso de idealização: A teoria do discurso presume uma capacidade de argumentação racional e horizontal que, muitas vezes, não se realiza plenamente em sociedades altamente desiguais, onde a informação é assimetricamente distribuída e grupos poderosos conseguem influenciar mais fortemente a opinião pública.

- **Instrumentalização política**: Há o risco de a retórica da "participação popular" ser instrumentalizada por grupos de interesse, transformando-se em mera formalidade. Sem regras claras que promovam a isonomia das vozes, o processo deliberativo pode reproduzir desigualdades.
- **Complexidade institucional**: Em estruturas burocráticas e sistemas judiciais lentos, a busca pelo consenso comunicativo pode se tornar inviável, levando à frustração. Nessas circunstâncias, soluções de tipo tecnocrático – orientadas pela razão instrumental – acabam prevalecendo.
- **Autopoiese Sistêmica**: De um ponto de vista luhmanniano, a teoria da autopoiésis questiona se é possível haver

efetiva comunicação entre sistemas sociais diferenciados (como o sistema jurídico e o sistema político), dado que cada sistema processaria suas informações de modo autônomo. Habermas rebate apontando a necessidade de abertura cognitiva, mas permanece o desafio de harmonizar, na prática, tais visões.

10. A Jurisdição como Espelho das Demandas Sociais

Apesar das tensões, a teoria de Habermas traz elementos relevantes para se repensar a jurisdição brasileira. abertura à ação comunicativa pode reforçar o Judiciário como catalisador de discussões públicas relevantes. No Brasil, práticas como audiências públicas no STF, consultas abertas no Conselho Nacional de Justiça (CNJ) e a crescente participação de amici curiae ilustram um movimento parcial de democratização do processo judicial. Ainda há muito a ser feito, contudo, para assegurar que todas as classes, grupos sociais e minorias efetivamente alcancem esses espaços, pois as barreiras socioeconômicas e culturais ainda são grandes.

11. Práticas Comunicativas e Possíveis Caminhos

Do ponto de vista prático, algumas medidas podem ser apontadas para aproximar ainda mais a jurisdição das diretrizes de uma democracia discursiva:

- **Ampliação das Instâncias de Audiência Pública**: Torná-las obrigatórias em temáticas centrais (direitos fundamentais, orçamento público, políticas sociais), com prazos adequados para a manifestação de grupos impactados.
- **Fomento à Transparência Ativa**: Os tribunais devem divulgar amplamente dados estatísticos sobre processos, sentenças e recursos, facilitando estudos e debates fundamentados sobre a atuação judicial.
- **Incentivo à Participação Popular**: Divulgação simplificada de consultas e convites para contribuições da sociedade civil, com uso de plataformas digitais acessíveis

e linguagem clara, permitindo que movimentos sociais e cidadãos comuns possam se manifestar nos processos decisórios.

- **Formação dos Operadores do Direito**: Inserir nas universidades e nas escolas da magistratura conteúdos voltados à mediação, conciliação e fundamentos da teoria discursiva, para que os profissionais do Direito compreendam a importância do diálogo inclusivo.
- **Promoção da Paridade de Armas**: Desenvolver políticas de assistência judiciária e defensorias públicas fortalecidas, facilitando a atuação de grupos historicamente excluídos ou hipossuficientes.
- **Valorização dos Conselhos e Órgãos de Classe**: Exigir que essas instituições, em nível local, estadual e federal, promovam debates abertos à população. Isso pode incluir conferências públicas, fóruns permanentes de escuta e outros mecanismos deliberativos.

Essas práticas, inspiradas nas ideias de Habermas, contribuem para forjar um ambiente jurídico mais participativo e, consequentemente, mais legítimo.

12. O Impacto Social: Entre Expectativas e Desafios

A adoção de práticas comunicativas no âmbito judicial tende a produzir efeitos concretos na dinâmica social. Em primeiro lugar, favorece a inclusão de grupos até então afastados dos centros de poder. Em segundo, pode democratizar a criação jurisprudencial, ao passo que os ministros e juízes passam a receber subsídios de diversas fontes, ampliando o horizonte de seus entendimentos. Por fim, espera-se que a população desenvolva maior senso de corresponsabilidade pelas normas jurídicas, enxergando-as não como imposições arbitrárias, mas como resultado de processos discursivos que contaram com suas contribuições.

Contudo, essas expectativas esbarram em problemas estruturais do Estado brasileiro: burocracia excessiva, desigualdade socioeconômica, deficiências na educação básica, concentração midiática e desconfiança das instituições. Se as vozes já favorecidas pelo *status quo* continuarem monopolizando a cena pública, o "discurso racional" corre o risco de se tornar apenas uma fachada. Por isso, a efetivação de uma jurisdição democrática demanda esforços de transformação social mais amplos, comprometidos com justiça distributiva, garantia de liberdades e promoção de uma cultura política engajada.

13. Contribuições à Teoria dos Sistemas e Superação do Positivismo

A perspectiva habermasiana apresenta-se como uma alternativa ao positivismo jurídico, que por vezes limita a validade do Direito à sua conformidade formal com normas superiores, sem levar em conta os aspectos de legitimidade moral ou consensual. A teoria do discurso sugere que a validade jurídica tem uma dimensão moral inescapável, pois os cidadãos livres não se submetem apenas a comandos externos, mas a comandos que reconhecem como justos ou, pelo menos, como fruto de um debate justo.

No que se refere à teoria dos sistemas, Habermas propõe uma abertura comunicativa que supera o autismo autopoiético preconizado por alguns autores, permitindo um intercâmbio constante entre os subsistemas sociais (político, jurídico, econômico etc.) e o "mundo da vida". Essa proposta contrasta com a visão autopoiética fechada, segundo a qual cada subsistema opera com base em códigos próprios, impenetráveis pela comunicação externa.

14. Reflexões Finais (sem usar "em suma", "em resumo" etc.)

O desafio de se construir uma democracia substantiva no Brasil passa, inevitavelmente, pela capacidade de tornar o Poder Judiciário permeável às demandas sociais, ao mesmo tempo que preserva sua independência e evita abusos de poder. As ideias de Habermas fornecem um arcabouço teórico para a compreensão dessa dinâmica, ressaltando a importância de processos inclusivos e deliberativos que confiram legitimidade às decisões jurídicas.

Mas toda teoria requer ancoragem prática: sem reformas institucionais e culturais que promovam a igualdade de acesso e garantam a pluralidade de vozes, a jurisdição continuará sendo vista como distante da vida real.

Ainda que a teoria habermasiana seja, em certo grau, utópica, oferece caminhos concretos para repensar o papel do Direito em sociedades democráticas, particularmente na realidade brasileira, marcada por profundas assimetrias sociais e históricas. Trata-se, portanto, de um contributo que não apenas ilumina o debate acadêmico, mas também inspira ações concretas que podem fortalecer o vínculo entre jurisdição e democracia em nosso país.

23. Servidão Voluntária na Era Digital: Fake News, Poder e Manipulação no Brasil Contemporâneo

Em meados do século XVI, Étienne de La Boétie buscou desvendar, em seu *Discurso da Servidão Voluntária*, a razão de tantos se submeterem de bom grado a tiranos e autoridades opressoras. Para La Boétie, é o próprio povo que se escraviza e se suicida quando, podendo escolher entre ser submisso ou ser livre, renuncia à liberdade e aceita o jugo; quando consente com seu sofrimento ou, pior ainda, o procura. Séculos depois, na chamada era da informação, esse enigma permanece tão atual quanto acentuado. Vivemos um paradoxo: nunca houve tanto acesso ao conhecimento e às notícias, e ainda assim parcelas significativas da sociedade parecem abdicar da liberdade de pensar, deixando-se conduzir por falsidades e discursos que contrariam seus próprios interesses. Como isso é possível?

Este capítulo, visando fumos de ensaio, explora essa questão relacionando o conceito de servidão voluntária de La Boétie aos mecanismos contemporâneos de manipulação digital por fake news. Efetivamente, na era das redes sociais, novas formas sutis de poder induzem os cidadãos a agirem contra si mesmos, mantendo-os em uma espécie de servidão voluntária mediada pela mídia e pela desinformação. Para dissecar esse fenômeno, recorreremos às lentes teóricas de Michel Foucault (biopolítica e poder disciplinar), Noam Chomsky (manipulação midiática e "fabricação do consentimento"), Guy Debord (sociedade do espetáculo) e, novamente, Hannah Arendt (propaganda e totalitarismo).

A análise será concentrada no contexto brasileiro recente, notadamente eventos entre 2013 e 2016: as Jornadas de Junho de 2013, a operação Lava Jato e o impeachment de Dilma Rousseff. Esses episódios marcaram um período de intensa polarização e reviravoltas políticas no Brasil, frequentemente acompanhados por campanhas midiáticas e ondas de conteúdo viral nas redes. Veremos como, em cada caso, narrativas distorcidas e estratégias de propaganda desempenharam papel central para mobilizar a opinião pública – muitas vezes contra os direitos e interesses dessa mesma população. Ao longo do texto, buscaremos conectar criticamente a teoria à prática, vislumbrando que as reflexões de pensadores do século XX sobre poder e manipulação ajudam a compreender por que, em pleno século XXI, multidões conectadas se deixam "enfeitiçar" pelo canto de sereia das fake news e acabam fomentando sua própria servidão.

O Discurso da Servidão Voluntária Ontem e Hoje

Étienne de La Boétie, em seu breve porém influente ensaio *Discurso da Servidão Voluntária*, levantou a seguinte questão perturbadora: como pode ser que milhões de pessoas obedeçam e sirvam a um só tirano, se o poder dele depende justamente da aquiescência dos servos? Em vez de atribuir a tirania apenas à força ou à violência, La Boétie argumenta que nenhum governante se sustenta sem um grau de consentimento dos governados. Basta que o povo deixe de dar suporte ao tirano para que este caia por si. Assim, a servidão é em grande parte voluntária: os próprios povos, fascinados e por assim dizer enfeitiçados pelo poder, colaboram com a manutenção do jugo.

Na obra, La Boétie sugere que os tiranos enganam o povo com mitos, espetáculos e pequenas recompensas para obter sua lealdade. O autor descreve como as pessoas acabam amando os símbolos de autoridade e tradições que as escravizam, e assim renunciam à liberdade muitas vezes sem se dar conta. Essa análise da psicologia da submissão voluntária, embora feita num contexto de monarquias absolutistas, antecipa em muito a dinâmica da dominação ideológica. O poder se sustenta não só pela coerção física, mas também pela fabricação de crenças e desejos nos dominados, levando-os a obedecer até com entusiasmo.

Transportando esse conceito para a atualidade, podemos perguntar: a quem servem hoje os "novos tiranos"? No século XXI, especialmente nas democracias formais, raramente vemos ditadores assumidos. Contudo, vivemos sob a influência onipresente dos meios de comunicação de massa e, mais recentemente, das plataformas digitais, que muitas vezes moldam nossas percepções da realidade. Os tiranos da modernidade são o desconhecimento e a mentira, propagados em escala massiva pelo mundo das fake news. As redes sociais, em particular, tornaram-se o picadeiro do circo da ignorância voluntária – um espaço onde boatos, teorias conspiratórias e ódio podem se espalhar com velocidade viral.

É crucial notar que essa ignorância voluntária não deriva de falta de acesso à informação – pelo contrário, estamos soterrados por informações, mas muitas vezes carecemos de critérios para distinguir o verdadeiro do falso. Como escreveu Umberto Eco, citado por um comentarista contemporâneo, as redes sociais deram voz a uma legião de imbecis – uma frase provocativa que denuncia como a internet amplificou também a desinformação. Assim, apesar de termos à disposição mecanismos para checar a veracidade das notícias, muitos de nós optamos por acreditar no engano conveniente, abraçando discursos que confortam seus preconceitos ou medos ao invés de confrontar fatos incômodos.

Essa dinâmica reflete perfeitamente a servidão voluntária descrita por La Boétie: hoje não nos curvamos necessariamente a um monarca de carne e osso, mas sim a narrativas fabricadas que nos levam a agir contra nossos próprios interesses. Quando ele dizia que basta que o povo não faça nada contra si mesmo para ser livre, estava nos alertando para não cooperarmos com a nossa própria dominação. Entretanto, o que vemos na era digital é justamente a cooperação ativa de milhões na difusão de mentiras que corroem instituições, elegem governantes incompetentes e desestabilizam a própria democracia. A mitificação de líderes políticos – os "mitos" salvadores da pátria, incensados por seguidores ardorosos – é um sintoma disso. Cria-se uma relação dogmática em que qualquer evidência contrária é descartada e toda crítica vira traição. Nesses casos, a servidão deixa de ser fruto do medo da força e passa a ser um fenômeno ideológico e midiático: as pessoas querem acreditar e servir a uma ideia (ainda que falsa) pela profunda necessidade de acreditar e de pertencer a algum grupo ou legião.

Resumindo, a servidão voluntária na era das redes sociais manifesta-se na disposição de ampla parcela da sociedade em acreditar e propagar narrativas enganosas que beneficiam pequenos grupos de poder (políticos inescrupulosos, oligarquias econômicas, demagogos) em detrimento do bem comum. Nos tópicos a seguir, examinaremos como as teorias de Foucault, Chomsky, Debord e Arendt ajudam a entender esse fenômeno, antes de mergulharmos em exemplos concretos do Brasil.

Biopolítica e Poder Disciplinar na Era Digital – Michel Foucault

Michel Foucault, filósofo francês do século XX, dedicou-se a estudar as formas pelas quais o poder se exerce nas sociedades modernas. Dois de seus conceitos são particularmente úteis aqui: o poder disciplinar e a biopolítica. Em linhas gerais, Foucault mostrou que a partir do século XVIII o poder foi deixando de ser exercido somente pela violência direta e passou a exercer-se a partir do controle dos corpos e das mentes de forma mais difusa e sutil, através de instituições, normas e saberes. Esse poder "disciplinar" cria indivíduos dóceis e úteis – por meio de escolas, quartéis, prisões, fábricas – modelando comportamentos e hábitos quase invisivelmente. Já a biopolítica refere-se à incorporação da população inteira como objeto de controle, através de regulamentos que gerenciam a vida, a saúde, a reprodução e até a circulação de informação em nome de algum ideal de ordem.

Como isso se relaciona ao mundo digital? Podemos argumentar que as plataformas online se tornaram novos dispositivos disciplinares e biopolíticos. Elas registram e monitoram cada passo que damos no ambiente virtual (o que lemos, curtimos, compartilhamos), operando como uma espécie de panóptico digital. No conceito original de Foucault, o panóptico era uma estrutura de vigilância projetada por Jeremy Bentham – uma torre no centro de uma prisão de onde um inspetor poderia observar todos os presos sem ser visto. Os detentos, sem poder saber quando estavam sendo observados, acabavam interiorizando a vigilância e se comportando como desejado, mesmo sem presença física constante do guardião. Analogamente, nas redes sociais vivemos sob a vigilância distribuída: somos observados por empresas de tecnologia, por algoritmos de análise de dados e também pelo olhar onipresente dos nossos pares (amigos, seguidores). Essa vigilância conduz a comportamentos autovigiados: as pessoas moldam sua expressão para ganhar aprovação (likes) e evitar represálias ou ostracismo online. A norma digital impõe uma disciplina da conformidade, muitas vezes induzindo os usuários a ecoarem opiniões de sua bolha em vez de expressarem pensamento crítico independente.

Além disso, a noção de biopolítica aplicada às mídias digitais aparece quando consideramos o uso massivo de dados populacionais para orientar estratégias de manipulação. Empresas e campanhas políticas empreendem o que passou a ser chamado "capitalismo de vigilância": a coleta de informações sobre milhões de indivíduos com o objetivo de prever e influenciar seus comportamentos. Com recursos de big data e machine learning, criam-se perfis psicográficos detalhados de grupos sociais, permitindo direcionar propaganda sob medida, explorando medos e desejos específicos de cada segmento. Trata-se de um controle sobre a população operando não via coerção, mas via gestão calculada das preferências e opiniões – exatamente o que Foucault descreveu como biopolítica. A lógica é semelhante à das políticas sanitárias ou demográficas que ele analisou (como controlar nascimentos, mortalidade etc.), só que aqui o objetivo é controlar o "corpo político" em termos de crenças e votos.

Outra contribuição foucaultiana relevante é a ideia de que cada sociedade produz seu "regime de verdade" – ou seja, define quais discursos são aceitos como verdadeiros e quais são excluídos. Esse "jogo" da verdade é permeado pelas relações de poder: aqueles que detêm voz nos meios de comunicação, que têm autoridade de especialista, que controlam as plataformas, acabam por moldar o que a maioria toma como verdadeiro ou falso. Assim, a proliferação de fake news pode ser vista como uma batalha entre regimes de verdade, concorrentes entre si. Narrativas alternativas – muitas vezes conspiratórias – desafiam o consenso estabelecido, ao mesmo tempo em que governos e corporações tentam gerenciar a "verdade oficial". Vivemos numa era de pós-verdade, em que fatos objetivos têm menos peso do que apelos à emoção ou à crença pessoal, em que os afetos se sobrepõem à lógica e aos próprios fatos. Foucault nos ajuda a compreender que essa "pós-verdade" não é ausência de verdade, mas sim o resultado de uma disputa de poder pelo controle do discurso verídico. Quando a mentira se apresenta com roupagem de verdade e vice-versa, quando a própria distinção entre fato e ficção fica turva, temos um terreno fértil para a servidão voluntária: perde-se a referência crítica, e o indivíduo passa a ser guiado pelas estruturas de poder que gritam mais alto ou que melhor o seduzem disciplinarmente.

Se aplicarmos Foucault, enxergaremos as redes sociais como aparelhos de disciplinamento (moldando comportamentos coletivos através de algoritmos e vigilância) e de biopolítica (gerindo populações inteiras pelo controle de fluxos de informação). O resultado é um cenário no qual as pessoas acreditam estar exercendo livremente suas escolhas – curtindo, compartilhando e expressando opiniões – quando, na verdade, suas preferências podem ter sido calibradas por uma engenharia invisível de consenso. Isso gera uma forma insidiosa de servidão voluntária: pensamos estar no comando de nossas telas, mas muitas vezes são elas que estão nos comandando.

Manipulação da Mídia e Fabricação do Consentimento - Noam Chomsky

Noam Chomsky, linguista e pensador político norte-americano, é conhecido por dissecar o papel dos meios de comunicação de massa nas democracias modernas. Em sua obra *Manufacturing Consent* (1988), escrita com Edward Herman, Chomsky identifica um modelo de propaganda em que a mídia atua como um sistema de filtragem das informações, alinhando-as aos interesses das elites políticas e econômicas. Diferentemente da censura explícita típica de regimes autoritários, nas democracias liberais a mídia fabrica uma aceitação passiva das políticas estabelecidas, através da seleção do que entra em destaque no noticiário, da maneira de enquadrar os assuntos e de quais vozes são ouvidas ou ignoradas.

Segundo Chomsky, a propaganda midiática numa democracia substitui a repressão dos regimes autoritários. Ou seja, em vez de impor obediência pelo medo e pela violência, molda-se a opinião pública para que as pessoas consintam as agendas de quem está no poder. Através desse processo, sustenta ele, a população torna-se submissa às vontades do Estado e das elites econômicas, mesmo acreditando que toma decisões livremente. Essa é uma formulação claríssima da servidão voluntária nos dias de hoje: não precisamos de um tirano que nos ameace com a espada se a TV e os jornais, com sua suposta autoridade e onipresença, inclusive nas redes sociais, que multiplica seus conteúdos, nos convencem a não questionar determinada ordem.

Um elemento central da teoria de Chomsky é que os meios de comunicação corporativos tendem a defender o status quo e os interesses de seus proprietários e anunciantes. Há "filtros" estruturais – como a propriedade concentrada dos veículos, a dependência de receita publicitária e o uso de fontes oficiais – que resultam numa cobertura enviesada e excludente de vozes dissonantes. Assim, muitas pautas importantes para a maioria (por exemplo, desigualdade social, abusos de grandes empresas, críticas sistêmicas) recebem pouco destaque, enquanto temas que convêm às elites (como ajustes econômicos ortodoxos, criminalização de movimentos sociais, demonização de governos populares) são martelados incessantemente.

No contexto brasileiro, isso é evidente: historicamente, nossa grande mídia – dominada por alguns poucos grupos familiares – adotou posições que, em momentos-chave, legitimaram rupturas antidemocráticas. Foi assim na preparação do golpe de 1964 (jornais e emissoras propagando medo do "comunismo"), na campanha pela agenda neoliberal nos anos 1990, e novamente na década de 2010, quando as principais redes de TV, jornais e revistas investiram pesado em narrativas anti-governo petista. Como observa o pesquisador Teun van Dijk, examinando a atuação do império Globo em 2016, houve uma campanha midiática massiva e manipuladora contra Dilma Rousseff e o PT, alinhada à elite econômica conservadora, que preparou terreno para o impeachment. Essa campanha bombardeou a população com mensagens de crise, corrupção e incompetência atribuídas exclusivamente ao governo, exacerbando a indignação popular e canalizando-a contra um alvo específico. Nesse sentido, os grandes meios fabricaram o consentimento para a destituição de Dilma: tornaram aceitável, até desejável, uma medida extrema que, analisada sobriamente, ia contra o resultado das urnas e, como veríamos, não resolveria os problemas apontados, já que foi o inverso que se deu.

Chomsky oferece também uma síntese clara de como a manipulação midiática consegue que as pessoas apoiem políticas contrárias a seus interesses. Em suas palavras, através da fabricação do consentimento, que pode fazer pessoas apoiarem causas que vão contra seus interesses, a mídia manipula seu público. Isso se dá por várias vias: fomentando medos (por exemplo, superdimensionando a criminalidade ou pintando adversários políticos como ameaças existenciais), fabricando bodes expiatórios e inimigos imaginários, distraindo a opinião pública com futilidades ou escândalos seletivos, e assim por diante. No Brasil, um exemplo foi a criação de um clima de pânico moral e econômico em 2015-2016: diariamente se anunciava o "caos" – inflação, corrupção sistêmica, crise – em termos muitas vezes alarmistas, induzindo a população a crer que a simples troca de presidente traria solução mágica. Uma parcela expressiva dos brasileiros de baixa renda acabou apoiando o impeachment acreditando que punha fim à corrupção e à recessão, sem se dar conta de que as medidas pós-impeachment incluíram cortes de direitos trabalhistas, congelamento de gastos sociais e outras ações prejudiciais a essa mesma classe trabalhadora.

Além disso, as fake news disseminadas pelas redes sociais nos últimos anos podem ser vistas como uma extensão descentralizada do processo de fabricação do consentimento. Se antes a televisão e os jornais tradicionais definiam quase sozinhos a pauta (às vezes chamada de pensamento único midiático), hoje grupos políticos articulados usam a internet para espalhar versões fabricadas da realidade, atingindo nichos específicos. Campanhas de desinformação no WhatsApp, no Facebook e no YouTube passaram a complementar (e em alguns casos competir com) a narrativa da mídia tradicional. No entanto, ambas frequentemente se retroalimentam: boatos lançados na rede às vezes são repercutidos pela grande mídia e vice-versa, criando uma atmosfera de pós-verdade generalizada. Chomsky, ainda que não escrevesse especificamente sobre redes sociais em 1988, nos legou um entendimento aplicável: quem controla os meios (sejam canais de TV ou algoritmos do Facebook) tem imenso poder de direcionar a percepção pública. E se esse poder é usado sem escrúpulos, as pessoas poderão aclamar líderes e políticas que, na prática, as prejudicam – exatamente como súditos aplaudindo o tirano que as explora, ilustrando a servidão voluntária em pleno século XXI.

Sociedade do Espetáculo e Fake News - Guy Debord

Guy Debord, teórico francês e membro do movimento situacionista, escreveu em 1967 *A Sociedade do Espetáculo*, uma crítica mordaz da cultura da imagem e do consumo na sociedade capitalista avançada. Debord sustenta que na modernidade tudo aquilo que antes era vivido diretamente se afastou em uma representação. Ou seja, nossa experiência do mundo passou a ser mediada por imagens, símbolos e encenações – o que ele chama de espetáculo. Importante frisar: o espetáculo, para Debord, não é apenas um conjunto de imagens enganosas disseminadas pelos meios de comunicação, mas sim uma relação social mediada por imagens. Nesse mundo realmente invertido, escreve Debord, o verdadeiro é um momento do falso. Em outras palavras, a verdade aparece apenas de forma distorcida e parcial dentro de uma moldura construída pelo falso; a realidade concreta dá lugar a uma pseudo realidade elaborada pelos poderes dominantes.

Essa ideia capta assustadoramente bem a era das fake news e das redes sociais. Podemos dizer que vivemos num espetáculo digital permanente: diariamente somos bombardeados por manchetes escandalosas, memes, vídeos emocionantes ou revoltantes, teorias conspiratórias virais – um fluxo incessante de conteúdo pensado não necessariamente para informar, mas para capturar nossa atenção. Debord destacava que o espetáculo é uma ferramenta de unificação passiva: ele apresenta uma visão do mundo tão constante e onipresente que as pessoas acabam aceitando-a sem questionar, como se fosse a realidade. Hoje, por exemplo, muitas narrativas falsas ganham status de "verdade!" simplesmente porque são repetidas à exaustão em múltiplos canais, criando uma "realidade" paralela. Esse foi o caso de diversas notícias fraudulentas que circularam no Brasil – como as que ligavam falsamente determinados políticos a crimes inexistentes ou inventavam ameaças absurdas. Tais invenções, apresentadas de forma sensacionalista e repetitiva, acabam tendo para certos públicos mais verossimilhança do que os fatos checados, porque se inserem no espetáculo narrativo em que esses públicos estão imersos. Aliás, os fatos são o que são, já a mentira é criada justamente para ser acreditada, fácil ela se parece mais com a verdade que os próprios fatos. Vale lembrar aqui uma antiga lenda, mais ou menos assim:

Em uma tarde de calor, andava a verdade em um sítio ermo quando deu com um poço. Sem demora ela depositou sua roupa ao lado do poço e entrou nele pra se refrescar. Não muito distante vinha a mentira, que deu com a roupa da verdade e, sem demora, a roubou e partiu em disparada. Assim, até hoje ***a mentira se exibe com a roupa da verdade, e a verdade, nua, busca esconder-se.***

Voltando a Debord, ele também fala dos pseudo-acontecimentos e do sensacionalismo como meios pelos quais o espetáculo mantém as pessoas distraídas e cativas. Um pseudo-acontecimento é algo encenado ou inflado midiaticamente para parecer um evento importante, embora possa ser artificial ou desproporcional em relação à realidade. Na conjuntura brasileira analisada, podemos citar a cobertura da operação Lava Jato como um exemplo de espetáculo. Durante anos, o país assistiu a cenas transmitidas quase em tempo real de policiais federais conduzindo coercitivamente políticos e empresários, de coletivas de imprensa com PowerPoints simplistas, de vazamentos de conversas telefônicas – compondo um enredo maniqueísta de "mocinhos vs. bandidos", digno de filme B hollywoodiano. Toda essa encenação, alimentada pela imprensa, reduziu uma complexa investigação a uma novela televisiva, com heróis (juízes e procuradores) e vilões (figuras políticas demonizadas). Trata-se do que Debord chamaria de representação da vida real: uma narrativa ficcional montada sobre elementos da realidade. E o público, fascinado pelo drama moral, foi em grande medida levado a comprar essa representação como verdade total, sem perceber que estava sendo subtraído.

Debord previu esse domínio das aparências sobre a substância. Ele escreveu que, no mundo do espetáculo, as imagens da realidade se tornam mais reais que a própria realidade vivida. Quando milhares de pessoas passam a acreditar piamente num cenário fantasioso (por exemplo, que seu país estava para se tornar "uma nova Venezuela comunista" se não apoiassem tal ou qual ação drástica, ou que determinado político é a encarnação do mal absoluto e precisa ser extirpado a qualquer custo), então o espetáculo cumpriu seu papel de suplantar a experiência concreta por uma hiper-realidade fabricada. E nessa hiper-realidade, a servidão voluntária floresce: ludibriados pelo espetáculo, os indivíduos servem de massa de manobra para projetos de poder que em nada os beneficiam.

Aplicar Debord ao nosso tema revela como o elemento visual e performático da política contemporânea – amplificado pelas redes e pela TV – aprisiona a consciência crítica. A multiplicação de falsidades espetaculares (teorias da conspiração, escândalos fabricados, encenações públicas) faz com que a distinção entre fato e encenação se esborrache, confirmando na prática que, neste mundo invertido, o verdadeiro é só um momento do falso. Libertar-se dessa servidão implica romper o encanto do espetáculo, recuperar a capacidade de ver para além das imagens sedutoras e questionar o que nos é apresentado.

Propaganda, Pós-Verdade e Totalitarismo - Hannah Arendt

Hannah Arendt, filósofa alemã, investigou em suas obras os mecanismos do totalitarismo e a relação entre verdade e política. Embora escrevendo sobre regimes extremos como o nazismo e o stalinismo, muitas de suas percepções iluminam os fenômenos recentes de manipulação e mentira em massa. Arendt enfatizava que regimes totalitários conseguiam submeter populações inteiras não apenas pelo terror, mas também através de uma propaganda onipresente e coerente, que substituía a realidade factual por uma ficção interna lógica. Com o tempo, as pessoas sob esse bombardeio de propaganda chegavam a não distinguir mais verdade de mentira. Como ela resumiu em uma fórmula famosa: o súdito ideal do governo totalitário não é o nazista convicto, nem o comunista convicto, mas aquele para quem já não existe a diferença entre o fato e a ficção.

Essa frase de Arendt ressoa fortemente na era da pós-verdade e das fake news. Vivenciamos hoje situações em que grupos inteiros de cidadãos habitam verdadeiros universos paralelos no que tange às suas crenças sobre fatos básicos – por exemplo, acreditando que uma eleição legítima foi fraudada, ou que determinada vacina faz mal, ou que determinado líder político é um herói incorruptível apesar de todas as evidências em contrário. O que ocorreu para chegarmos a esse ponto? Arendt diria que há um colapso deliberado das categorias de verdade, promovido por propaganda e mentira sistemáticas. Quando líderes ou mídias influentes mentem compulsiva e descaradamente, não necessariamente para fazer crer em uma mentira específica, mas para semear a confusão e a dúvida sobre tudo, eles preparam o terreno para que nada mais seja crível. E, nesse vácuo de confiança, muitos acabam aderindo ao partido ou ao líder que grita mais alto ou que oferece uma explicação totalizante (invariavelmente fantasiosa) para suas frustrações.

Na política brasileira dos últimos anos, vimos surgirem verdadeiras seitas de opinião, em que adeptos de certas correntes rejeitam totalmente qualquer notícia vinda da grande imprensa (taxada de "golpista" ou de "esquerdista", conforme o lado) e confiam apenas em seus canais alternativos; enquanto outros setores demonizam quaisquer mídias alternativas como "fábricas de fake news" e só aceitam a narrativa oficial. Criou-se um ambiente de polarização informativa extrema. Esse cenário se assemelha, em parte, ao que Arendt descreveu nos anos 1940 sobre as massas desorientadas da Europa: quando as massas chegaram ao ponto de acreditar em tudo e nada, achar que tudo era possível e que nada era verdade. Tal disposição de espírito – acreditar simultaneamente nas teorias mais fantásticas e desconfiar das evidências mais óbvias – é característica de populações sujeitas a intensa propaganda totalitária.

Arendt apontava também que a propaganda totalitária é mais eficaz quando isola os indivíduos uns dos outros, destrói as estruturas de informação autônomas e torna as pessoas dependentes da versão oficial. Hoje, paradoxalmente, embora a internet nos conecte globalmente, observamos uma atomização social na forma de bolhas digitais. Cada usuário se informa no seu feed personalizado, interagindo principalmente com quem já pensa igual. Há conexão virtual, mas muitas vezes solidão e isolamento no mundo real, e pouca troca genuína entre visões opostas. Nesse contexto, é mais fácil difundir crenças absurdas, pois grupos inteiros podem se retroalimentar sem contestação externa. Arendt escreveu que o sucesso da propaganda totalitária consistia em fornecer um refúgio ficcional coerente para pessoas ansiosas, de modo que a lógica interna dessa ficção importasse mais do que a realidade externa. Assim, por exemplo, uma teoria conspiratória como a do "marxismo cultural" – que alega existir um complô global de esquerda para corromper valores e dominar as instituições – ganhou força em nichos conservadores brasileiros. Ela oferece uma explicação unificadora para diversos desconfortos, criando um "inimigo" onipresente a ser combatido. Muitos aderem a essa ficção completa porque ela dá sentido a um mundo complexo; e passam a ver qualquer fato isolado (uma decisão do STF, uma reportagem, uma política pública) através desses óculos conspiratórios. Temos aí uma forma incipiente de mentalidade totalitária: um fechamento em uma realidade alternativa, imune a contraprovas factuais.

A propaganda política via fake news no Brasil adotou algumas táticas historicamente totalitárias: a desumanização do adversário (pintado como "inimigo do povo", "traidor da pátria", "corrupto maligno" etc.), o apelo a supostos valores da nação ameaçados (Deus, família, ordem) e a instilação de medo e ódio às minorias ou opositores (imigrantes, ativistas de direitos humanos, movimentos sociais). Durante o andamento do impeachment de 2016 e especialmente durante as campanhas para as eleições de 2018, circularam boatos grotescos – por exemplo, de que determinado candidato queria fechar igrejas e perverter crianças, inclusive apelando para uma tal mamadeira que nos vexa descrever, – que lembram as absurdidades que a propaganda nazista espalhava sobre judeus. Arendt notou que as pessoas podem ser levadas a acreditar nas mentiras mais absurdas se estas forem apresentadas de forma consistente e repetitiva, e se todas as fontes independentes de informação forem desacreditadas. Aqui entra o conceito crucial da fabricação da realidade. Num dado momento, muitos brasileiros não confiavam mais em jornais, em cientistas, em professores ou especialistas – todos esses passaram a ser suspeitos sob a acusação de pertencerem a algum esquema globalista/marxista. Esse descrédito generalizado abriu caminho para a ascensão de figuras que se apresentaram como únicas portadoras da verdade, geralmente simplificada em slogans e frases feitas.

A semelhança com processos totalitários está em que grande parte do público voluntariamente abraçou líderes e projetos que propunham soluções autoritárias, acreditando serem libertadoras. A defesa de intervenção militar, de fechamento do Supremo Tribunal Federal e outras pautas extremas apareceu em manifestações de rua e nas redes sociais – ideias que claramente ferem os interesses da maioria democrática, mas que se espalharam sob o efeito da propaganda e da sensação de caos construída midiaticamente. Arendt dizia que aproximar-se de ideias autoritárias é aproximar-se da servidão voluntária, pois abdica-se do discernimento e entrega-se o destino a uma autoridade incontestável. Foi exatamente isso que se viu em certos segmentos no Brasil: cidadãos clamando por menos liberdade (censura, repressão a opositores, licença para violência policial) em nome de uma promessa de ordem e segurança contra inimigos imaginários, fabricados sob medida.

Em síntese, Hannah Arendt nos alerta que quando a fronteira entre fato e ficção desaparece na esfera pública, a liberdade está em risco. O antídoto contra a servidão voluntária, sugeriria ela, é resgatar a verdade factual e o debate honesto no espaço comum. Sem um acordo mínimo sobre a realidade (por mais divergentes que sejam as opiniões), a sociedade entra num delírio coletivo onde a manipulação impera. Infelizmente, no período que analisamos, o Brasil flertou perigosamente com esse delírio, experimentando um colapso de confiança na verdade e a consequente suscetibilidade a líderes demagógicos – uma trajetória que Arendt compreenderia como típica da erosão das bases da democracia, prelúdio que pode levar ao autoritarismo aberto.

O Caso Brasileiro: Manipulação Digital e Midiática de 2013 a 2016

Munidos do arcabouço teórico acima, voltemo-nos agora ao Brasil e mais especificamente aos eventos entre 2013 e 2016. Esse quadriênio turbulento ilustra de forma concreta como a servidão voluntária se manifesta na era das redes sociais e do oligopólio midiático. Em poucos anos, vimos emergir nas ruas e nas urnas um movimento de massa que derrubou uma presidenta eleita, encerrou um ciclo político de 13 anos e abriu caminho para um governo alinhado a forças retrógradas, autoritárias, ultraconservadoras. Há, obviamente, múltiplas causas para essas mudanças – desde fatores econômicos (recessão, desemprego) até escândalos reais de corrupção. Mas um fio condutor que queremos ressaltar é o papel determinante da manipulação das consciências via mídia tradicional e mídias digitais. Episódios-chave como as Jornadas de Junho de 2013, a Operação Lava Jato e o impeachment de Dilma Rousseff em 2016 precisam ser analisados sob essa ótica.

Vale notar que esses eventos formam uma sequência interligada. Muitos participantes e observadores das Jornadas de Junho talvez não imaginassem que, três anos depois, aquela energia difusa de protesto pavimentaria o cenário para a queda de Dilma e a ascensão de uma "cruzada moral" conservadora. Entretanto, hoje, diversos estudos indicam que 2013 foi um ponto de inflexão: as redes sociais demonstraram seu poder de mobilização em escala nacional e, dali em diante, linhas de conflito político mais polarizadas e moralizadas ganharam força. As mídias digitais permitiram o surgimento e articulação de novos atores políticos – grupos de direita liberal e extrema-direita como o Movimento Brasil Livre (MBL) e Vem Pra Rua – que tomaram as ruas em 2015 pedindo impeachment, algo dificilmente concebível sem o terreno fértil criado em 2013 e sem as ferramentas de Facebook, Twitter e YouTube para convocar e doutrinar seguidores. Ao mesmo tempo, a velha mídia (Globo, Veja, Folha, etc.) aprendeu a surfar a onda: quando as redes ampliaram vozes críticas ao governo, esses veículos tradicionais – que já vinham em confronto com a presidência de Dilma – passaram a oferecer conteúdo para essas redes, enquanto reforçaram o coro, legitimando as insatisfações difusas e direcionando-as contra alvos preferenciais (no caso, o próprio governo e o partido que o sustinha).

Em todos esses episódios, como veremos, há um denominador comum: a população foi inflamada por narrativas simplificadoras e em boa medida manipuladoras, levando-a a apoiar ações e mudanças que nem sempre a beneficiariam. Em 2013, protestou-se contra a corrupção e por melhores serviços, mas acabou-se enfraquecendo justamente um projeto político voltado a políticas sociais mais inclusivas, que trariam – ou pelo menos as únicas com o condão de trazer – essas melhorias. Em 2015-16, clamou-se por "justiça" e "fim da corrupção", mas aceitou-se um processo de impeachment de legalidade amplamente questionável e preparou-se o terreno para um governo que logo seria marcado por escândalos e retrocessos estrondosos em direitos, retrocessos esses inacreditavelmente apoiados pela opinião pública, como a precarização das aposentadorias. Para lançar luz sobre esses processos, buscaremos examinar cada caso separadamente, conectando os pontos com as teorias já expostas.

Jornadas de Junho de 2013: Redes Sociais, Espetáculo e Indignação Difusa

Em junho de 2013, uma sucessão de manifestações populares tomou as ruas de centenas de cidades brasileiras. O estopim foi a revolta contra o aumento de R$0,20 na tarifa de ônibus em São Paulo, puxada pelo movimento Passe Livre. Porém, rapidamente as pautas se multiplicaram: protestava-se contra os gastos excessivos na Copa do Mundo de 2014, contra a precariedade dos serviços públicos, contra a violência policial, contra a corrupção e até contra "tudo isso que está aí". As redes sociais tiveram papel crucial, ao serem usadas na convocação desses atos e na difusão de vídeos e relatos em tempo real – Facebook e Twitter, em especial, serviram como canais de mobilização autônomos, à margem dos partidos e da grande mídia. Alguns chegaram a chamar as Jornadas de Junho de "a primeira revolta social em rede" no Brasil.

Num primeiro momento, a grande mídia nacional reagiu com estranheza e hostilidade. As principais emissoras foram titubeantes ao cobrir os protestos, e inicialmente jornais televisivos como o Jornal Nacional os retrataram como baderna de vândalos. Essa narrativa começou a mudar quando, diante da repressão truculenta da polícia e do aumento exponencial do número de manifestantes, a opinião pública tornou-se majoritariamente favorável aos protestos – pesquisas apontaram altos índices de apoio da população. As emissoras então passaram a cobrir mais intensamente e a tentar dirigir o foco das manifestações. Curiosamente, manifestantes passaram a hostilizar repórteres da Globo e de outras redes, acusando-as de distorção. Em São Paulo, equipes da TV foram expulsas sob gritos de "A Globo é mentirosa!", forçando repórteres a esconder o logotipo da emissora para conseguir trabalhar. Aquilo era sintoma de uma percepção difusa de manipulação: os jovens conectados desconfiavam das narrativas do mainstream, valorizando mais o que viam nas redes (transmissões alternativas como as da Mídia Ninja) do que o enquadramento tradicional dos telejornais.

A cobertura da mídia evoluiu numa direção interessante: após as concessões iniciais (redução das tarifas) e a continuação dos protestos com pautas múltiplas, veículos como a Rede Globo passaram a enfatizar palavras de ordem genéricas como "corrupção" e "gastos públicos indevidos", ao mesmo tempo em que ignoravam ou minimizavam pautas como a democratização da mídia ou críticas ao próprio capitalismo. Houve uma espécie de apropriação do sentimento de indignação: articulistas e comentaristas da grande imprensa passaram a louvar "a voz das ruas" – desde que esta não questionasse as estruturas de poder midiático e econômico. A frase "o gigante acordou" (em referência ao país e ao povo brasileiro) viralizou, sugerindo um despertar cívico. No entanto, a ausência de organização e a heterogeneidade do movimento permitiram que discursos conservadores infiltrassem e ressignificassem aquela energia. Não tardou para que grupos oportunistas levantassem cartazes contra a corrupção focando em políticos específicos (sobretudo ligados ao governo federal), e para que a antipolítica (o slogan "não me representa", mirando partidos e instituições) abrisse espaço para soluções "fora da política".

Sob a lente de Debord, 2013 foi um grande espetáculo espontâneo que acabou cooptado. As imagens das multidões e confrontos foram exploradas intensamente na TV e internet, gerando uma catarse coletiva. A mensagem original (concreta, centrada no transporte público) dissolveu-se em uma representação vaga da insatisfação nacional. O terreno para a servidão voluntária estava sendo arado e o solo era fértil: as pessoas sabiam do que eram contra (tudo de errado no país), mas não tinham a menor ideia do que eram a favor. Nesse vazio de direção, forças bem posicionadas puderam canalizar o desejo de mudança para alvos convenientes. Michel Foucault talvez destacasse que não houve uma ruptura de discurso dominante – pelo contrário, muito do clamor por "eficiência" e "fim da corrupção" acabou reforçando narrativas neoliberais (de Estado incompetente) e punitivistas já existentes nos meios influentes.

As redes sociais, por sua vez, mostraram seu duplo gume: serviram para reunir vozes antes dispersas, mas também para espalhar rumores e exacerbar emoções. Naquela época, redes fechadas como o WhatsApp e o Telegram ainda não eram a potência de fake news que viriam a ser em 2018, mas o Facebook fervilhava de desinformação. Circulavam memes, vídeos editados fora de contexto e boatos – por exemplo, falsas notícias de que manifestantes haviam sido mortos pela polícia – o que inflamou os ânimos. A inexistência de lideranças claras fez com que qualquer narrativa pudesse se infiltrar, seja de esquerda, direita ou conspiratória.

Embora as Jornadas de Junho não tivessem um resultado político imediato concreto além da revogação das tarifas, elas desencadearam processos essenciais. Primeiro, a classe política tradicional ficou em alerta e iniciou uma série de respostas (como a proposta de um plebiscito de reforma política por Dilma, que foi abortada pela reação congressual). Segundo, abriu-se espaço para atores extra-políticos: celebridades de internet, porta-vozes "apolíticos" e movimentos cívicos financiados por think tanks (como o MBL e outros que se formariam em seguida) viram uma oportunidade. Terceiro, a mídia aprendeu a afiar o discurso anti-governo usando o argumento de que "o povo nas ruas" demandava mudanças. Em síntese, 2013 demonstrou que havia disposição popular para protestar, mas sem direção essa disposição poderia ser manipulada – e de fato seria, nos anos posteriores, direcionada para uma pauta específica: a derrubada do governo.

Um aspecto notável foi que, entre as inúmeras faixas e cartazes de 2013, figurava "Democratização da mídia" como demanda em certos setores mais politizados. Era um reconhecimento de que o monopólio dos meios era parte do problema democrático brasileiro. Porém, essa pauta não ganhou tração ampla (careceu de ressonância no espetacular midiático) e acabou suplantada por palavras de ordem mais úteis às corporações de mídia. Ironicamente, portanto, as Jornadas começaram denunciando a velha mídia, mas terminaram sendo capitalizadas por esta para fortalecer sua agenda.

Retomando La Boétie: em 2013 o gigante acordou, mas não sabia bem para onde ir, e acabou, sem perceber, carregando correntes novas ao invés de quebrar as antigas. O voluntarismo espontâneo das ruas careceu de clareza política, o que facilitou sua conversão em massa de manobra. Aquela foi a primeira fase da servidão voluntária moderna no Brasil: cidadãos livres, nas ruas e nas redes, clamando por liberdade e melhoria – mas pavimentando, sem o saber, o caminho para a perda de direitos e para o aprofundamento da dominação de outras formas (ideológicas e econômicas).

Operação Lava Jato: O Espetáculo da "Luta do Bem contra o Mal"

No rastro das manifestações de 2013, a insatisfação com a corrupção tornou-se um sentimento generalizado que poderia ser mobilizado. Em 2014, iniciou-se a Operação Lava Jato, investigação de um esquema de corrupção envolvendo a Petrobras, empreiteiras e políticos de vários partidos. Para o que nos propomos aqui pouco importa dizer que a operação foi planejada e dirigida por agentes estadunidenses, importa dizer que o que poderia ser uma operação técnico-jurídica discreta transformou-se rapidamente em um fenômeno midiático sem precedentes. Aqui, encontramos o exemplo talvez mais acabado da convergência entre mídia tradicional, redes sociais e estratégias de propaganda para moldar mentes. Quanto à mídia hegemônica saber o motivo que teve para entrar nisso, se foi por ter sido comprada, se foi por estar fundada em um DNA com uma inclinação irresistível de apoiar as elites, ou se foi o lucro dos cliques e da audiência fácil advinda dos furos em série recebidos diretamente das fontes lavajatistas.

Pesou sobremaneira que, desde o início, a força-tarefa de procuradores e o juiz responsável, Sérgio Moro, adotaram uma postura de diálogo direto com a imprensa. Fatos sigilosos eram vazados seletivamente; fases da operação com nomes dramáticos eram anunciadas; prisões eram efetuadas com cobertura ao vivo. Cada delação premiada de alto perfil gerava manchetes estrondosas, mesmo antes de qualquer prova concreta. A revista Veja estampou diversas capas sensacionalistas, numa espécie de novela investigativa semanal – a corrupção foi tratada como um espetáculo midiático por essas publicações, reforçando uma narrativa simplificada de heróis versus vilões.

As redes sociais, como fazem quase sempre, amplificaram a mídia: a figura do juiz Moro virou "super-herói" em memes e posts virais; os procuradores tornaram-se celebridades online, angariando seguidores no Facebook e Twitter com mensagens moralistas. Ao mesmo tempo, alvos da operação, em especial o ex-presidente Lula e figuras do governo Dilma, eram diariamente achincalhados em milhares de posts, claramente difamatórios e fundamentados em informações falsas. Criou-se um clima de linchamento virtual: antes mesmo de julgamento, vastas parcelas da opinião pública já os tinham condenado por todos os males da nação.

Debord nos forneceu um retrato fiel do que ocorreu: o Brasil e o mundo assistiram a um espetáculo midiático digno dos filmes hollywoodianos, em que mocinhos lutavam contra vilões corruptos. De fato, reduziu-se a complexa realidade da corrupção político-empresarial a uma fábula moral de fácil assimilação, um verdadeiro reducionismo fictício da realidade. De um lado, paladinos da justiça e da ética; de outro, a corrupção personificada num partido e seus aliados. Esse enredo ignorou fatos inconvenientes – por exemplo, que vários investigados da oposição foram poupados ou tiveram seus casos ocultados. O espetáculo precisava de clareza dramática, então nuances e contradições foram suprimidas. Sem mais.

A grande mídia teve papel ativo nessa construção. Segundo análise de van Dijk, a Globo e congêneres selecionavam e distorciam informações de modo a direcionar a opinião pública contra o governo Dilma e o PT, preparando o clima para a destituição. Matérias destacavam acusações sobre Lula e Dilma mesmo sem provas, enquanto minimizavam aspectos ilegais da própria operação (como grampos divulgados ilegalmente). Essa parcialidade foi tão marcada que um dirigente dos jornalistas em SP denunciou: "Distorcer, selecionar, divulgar opiniões como se fossem fatos [...] é manipular o noticiário. [...] Não se trata aqui do uso da força, mas sim de técnicas de manipulação da opinião pública. Nesse contexto, o uso do conceito 'golpe midiático' é perfeitamente compreensível." Ou seja, a conjunção de mídia e operação jurídica compôs uma estratégia de derrubar o governo sem tanques nas ruas, mas com massiva manipulação das percepções populares.

Nas redes sociais, grupos como o MBL aproveitaram o anseio anticorrupção para se promover. Eles inundavam a internet com vídeos e textos inflamados, organizavam eventos e projetavam uma imagem de movimento juvenil espontâneo, quando na verdade seguiam cartilhas profissionais de comunicação e recebiam apoio financeiro de organizações de direita. Páginas no Facebook atingiram milhões de seguidores, e usavam-se bots e perfis falsos para multiplicar o alcance de hashtags e ataques a adversários. A polarização atingiu picos: de um lado, "cidadãos de bem" patriotas que apoiavam a Lava Jato irrestritamente; de outro, quem questionasse qualquer aspecto da operação era tachado de "defensor de corrupto" ou parte do esquema. Esse clima inibiu vozes moderadas e disciplinou o debate público pelo medo do linchamento moral – um efeito claramente disciplinar no sentido foucaultiano: pessoas e instituições (como o STF inicialmente) sentiram-se compelidas a agir alinhadas à onda punitiva, sob risco de serem destruídas publicamente.

Na população em geral, a Lava Jato gerou uma catarse e também uma ilusão. A catarse de ver figurões poderosos sendo presos trouxe satisfação e um sentimento de justiça enfim acontecendo. A ilusão foi acreditar que todos os problemas do país se resumiam à corrupção daqueles agentes e que eliminá-los resolveria magicamente a situação econômica e social. Muitos brasileiros passaram a ansiar por soluções simplistas, como "prender todo mundo" ou varrer um partido específico do mapa, sem perceberem que a corrupção era também sintoma de problemas estruturais. Essa miopia induzida – culpar um inimigo único pelos males – é típica da propaganda populista e totalitária (Arendt notou isso em relação aos judeus servindo de bode expiatório para os nazistas). Aqui, o PT e seus aliados viraram o mal absoluto, numa operação discursiva eficiente: assim, qualquer sacrifício ou irregularidade seria justificável para extirpar esse mal.

A servidão voluntária manifestou-se quando segmentos populares apoiaram medidas que violavam garantias legais e o Estado de Direito, por acreditarem que "os fins justificam os meios". Houve aplausos para prisões espetaculares, para preventivas alongadas desnecessariamente, para conduções coercitivas arbitrárias, para divulgações de conversas privadas da presidência – tudo sob o aplauso de pessoas comuns, normalmente defensoras da lei, mas que se deixaram levar pela paixão do espetáculo anticorrupção que lhe era oferecido com elexir. Contudo, ao tolerar e incentivar tais abusos, esses cidadãos abriam mão de proteções jurídicas que existem para todos, inclusive para eles próprios. Entregaram poderes quase ilimitados a promotores e juízes, confiando cegamente neles, algo perigoso em qualquer democracia. Esse tipo de comportamento é justamente o que La Boétie descreveu: bajulam o tirano para explorar sua tirania e a servidão do povo – no caso, bajulavam-se os "heróis" justiceiros, enquanto a servidão vinha na forma de redução dos direitos (como a presunção de inocência, e o devido processo).

Ao final, a Lava Jato cumpriu sua meta política: desestabilizar o governo e incapacitar Lula (que liderava as pesquisas) para a eleição seguinte. Porém, não cumpriu o prometido ao povo: a corrupção sistêmica não acabou (pelo contrário, descobriu-se depois corrupção nos próprios operadores da Lava Jato e políticos que assumiram o poder), e os benefícios econômicos não vieram – o país mergulhou em crises institucionais. Muitos daqueles que apoiaram irrestritamente a operação sentiram desilusão anos depois, mas já era tarde: haviam ajudado, com sua vontade inflamada, a abrir mão de garantias e avanços democráticos.

Impeachment de Dilma Rousseff: O Consentimento Fabricado e o Golpe Midiático-Parlamentar

Culminando esse ciclo, em 2015-2016 tivemos o processo de impeachment da presidente Dilma Rousseff. Aqui encontramos uma situação exemplar de como a manipulação midiática e digital pode fabricar o consentimento para uma ruptura democrática. Dilma foi reeleita em outubro de 2014 por margem apertada, num país já polarizado. A partir de 2015, forças descontentes com o resultado eleitoral – partidos de oposição derrotados, empresários contrariados e setores conservadores – passaram a articular sua remoção. Para isso, era preciso conquistar a opinião pública, tornando Dilma insuportavelmente impopular e deslegitimada, de modo que sua queda parecesse quase inevitável e até "desejada pelo povo".

Os ingredientes estavam postos: economia em dificuldades (recessão em 2015), escândalos da Lava Jato pipocando na mídia e lembrança fresca das ruas agitadas de 2013. As manifestações pró-impeachment começaram em março de 2015 e se repetiriam maiores em 2016. Elas foram convocadas principalmente via Facebook pelos grupos MBL, Vem Pra Rua e outros, com amplo endosso de mídia e de políticos de oposição. A televisão divulgava datas e horários dos protestos como se fossem "atos cívicos" apartidários, e não eventos organizados por grupos com agenda específica. Compare isso, por exemplo, com a cobertura nada entusiástica das manifestações contrárias ao impeachment (rotuladas pejorativamente de "atos em defesa do PT"). Em março de 2016 as já em si enormes manifestações anti-Dilma foram amplificadas pela mídia, enquanto os protestos pró-Dilma (é bem mais difícil alguém se convencer a "protestar a favor") em si mais modestos, foram minimizados quando não completamente ignorados – um claro duplo padrão informativo.

No Congresso, a base aliada se esfacelava, em grande parte devido ao cálculo político de aproveitar a maré. Mas é crucial entender que sem o apoio popular orquestrado, o impeachment não prosperaria. Aqui entra a "fabricação do consentimento" em grau máximo: a população foi convencida de que Dilma deveria sair, mesmo sem ela ter cometido crime de responsabilidade grave (condição necessária na Constituição). A acusação formal restringiu-se às chamadas "pedaladas fiscais" – manobras contábeis que presidentes anteriores não apenas lançaram mão como naturalizaram sem que uma voz sequer se erguesse. Como tornar isso indignante o suficiente? mídia e os opositores martelaram que as pedaladas eram "fraude fiscal", "estelionato eleitoral", que Dilma quebrara o país. Ao mesmo tempo, toda a crise econômica foi personalizada nela, omitindo fatores externos e a sabotagem interna do Congresso. O noticiário diário em 2015-16 foi saturado de negatividade: índices econômicos desfavoráveis ganhavam manchetes garrafais, qualquer conflito político virava caos. Criou-se, de forma deliberada, uma sensação de colapso generalizado.

Chomsky ficaria impressionado com a eficiência: ao longo de meses, condicionaram-se as pessoas a associar Dilma e seu governo a tudo que havia de ruim, fabricando um consenso de que "algo precisava ser feito" (mesmo que esse algo violasse regras democráticas). A imagem de incompetência e corrupção colou em Dilma – embora pessoalmente ela não fosse acusada de corrupção, isso pouco importava na percepção pública. Como apontam estudos críticos, a mídia seletivamente culpou Lula, Dilma e o PT pela crise e acusou-os de corrupção, instigando enorme descontentamento e preparando o pretexto para terminar os 13 anos de governo de esquerda. Essa campanha foi articulada com a elite política: o então presidente da Câmara, Eduardo Cunha, que aceitou o pedido de impeachment, agiu motivado por vingança (pois o PT não o blindou de suas acusações) mas teve respaldo da mídia e de movimentos de rua.

No campo digital, a máquina de fake news caseiras também atuou. Circulavam mensagens de WhatsApp com rumores absurdos, como um áudio viral alegando que o governo Dilma havia assinado um plano para instaurar o comunismo no país – especulação totalmente fantasiosa, mas que assustou pessoas. Outros boatos incluíam que Dilma sabia de toda corrupção da Petrobras e acobertou (nunca provado), ou que incentivaria invasões de propriedades via MST caso ficasse no poder. Essa corrente subterrânea de desinformação fermentou o caldo da insatisfação, tornando-o fervente.

Chegado abril de 2016, muita gente comum – até beneficiários de políticas sociais do governo – estava nas janelas de casa batendo panela e xingando a presidenta durante pronunciamentos. Ver pessoas de classes populares se voltando contra um governo que, apesar dos erros, havia reduzido a pobreza e ampliado acesso a educação e renda nos anos anteriores, é um forte indício de ação contra os próprios interesses motivada por manipulação. Aqui, sem tirar a autonomia dos indivíduos (que têm direito de criticar quem votaram), nota-se como narrativas reiteradas e simplificadas reprogramam prioridades: convenceram muitos de que "tirar o PT" resolveria tudo, mesmo que fosse substituído por grupos notoriamente ligados a oligarquias tradicionais.

O dia da votação do impeachment na Câmara (17 de abril de 2016) foi transmitido ao vivo como um grande show. Deputados dedicavam seus votos "à família, a Deus, ao meu cachorro, ao Ulstra", tudo se equivalia naquele carnaval de horrores e também exaltaram as manifestações nas ruas – resultado daquela manufatura do consentimento. Essa espetacularização política atingiu o grotesco: seguiu o script dos reality shows das TVs, apenas que de mal gosto superior, e com consequências reais gravíssimas. E o público não deixou de fazer o papel que lhe foi concedido: aplaudia com entusiasmo.

Consumado o impeachment (formalmente em agosto pelo Senado), rapidamente ficou claro para alguns que haviam sido usados. O governo que assumiu, de Michel Temer, adotou de imediato medidas impopulares (reforma trabalhista, congelamento de gastos públicos por 20 anos) medidas que não tinham sido objeto de debate eleitoral. A corrupção não diminuiu – ministros caíram em série envolvidos em escândalos. Em poucos meses, muitos brasileiros sentiriam arrependimento. Porém, o dano institucional e social estava feito: o pacto democrático rompera-se, a confiança na política erodira ainda mais, a polarização seguia em alta. A sociedade, que pedira mudança acreditando melhorar, viu indicadores piorarem inicialmente. Mas a essa altura, a manipulação já tinha mudado o curso da história, e outra narrativa começou a se impor: a de que era preciso "algo novo", fora do sistema, o que abre outra discussão (ascensão de Bolsonaro, etc., fora do escopo imediato).

Chomsky e Arendt juntos explicarim bem esse episódio. Chomsky mostraria como foi necessário um conluio mídia-elite para derrubar Dilma, configurando um "golpe suave" com fachada quase legal. Arendt perceberia o elemento de totalitarismo incipiente na glorificação da irracionalidade (os deputados evocando Deus e família contra uma inimiga comum abstrata, a multidão vociferando nas ruas sem propor alternativas). La Boétie, por sua vez, não se surpreenderia ao ver um povo inteiro consentindo com seu sofrimento ao endossar uma ruptura que trouxe recessão e austeridade. Ele lembraria: bastaria não fazer nada contra si mesmo. Mas a população, inflamada, achou que estava se libertando de uma tirania, quando na verdade atendia aos planos de tiranetes mais habilidosos no bastidor.

Assim, o impeachment de 2016 fechou o ciclo que iniciamos em 2013: protestos espontâneos → canalização moralizante → operação judicial espetacular → derrubada governamental. Em cada etapa, as ferramentas de manipulação – disciplina informativa, propaganda, espetáculo e distorção da verdade – mostraram seu poder. A servidão voluntária assumiu rostos diversos: o do manifestante desorientado pedindo intervenção militar; o do trabalhador que bate panela apoiando quem acabaria por retirar-lhe direitos; o do jovem classe média que acredita estar salvando a pátria ao compartilhar fake news contra "comunistas" inexistentes; o do telespectador que assimilou acriticamente a novela do impeachment escrita pelas elites.

A travessia pelo Discurso da Servidão Voluntária de La Boétie e pelos conceitos de Foucault, Chomsky, Debord e Arendt enseja e se mostra eficiente (entre outras) para dissecar criticamente a experiência brasileira recente. Vimos como, na era das redes sociais e da mídia onipresente, o poder consegue se exercitar através de ações voluntárias das pessoas, orientando suas consciências e principalmente emoções para objetivos que em nada as beneficiam. No Brasil de 2013 a 2016, milhões saíram às ruas e engajaram-se politicamente, acreditando lutar contra a corrupção e por melhorias – causas justas em princípio –, mas acabaram contribuindo para desfechos que fortaleceram justamente aqueles interesses elitistas que sempre exploraram o povo.

La Boétie nos ensinou que nenhuma tirania se sustenta sem a colaboração dos servos. Hoje, essa colaboração é extraída não sob chibatas, mas sob bombardeio de narrativas sedutoras ou amedrontadoras. Michel Foucault mostraria que o poder disciplinar e a biopolítica contemporânea atuam através das mídias, produzindo sujeitos que internalizam certas "verdades" e comportamentos convenientes ao poder. Noam Chomsky evidenciaria que a mídia corporativa fabricou consensos artificiais, levando populações a concordarem com agendas contrárias a seus interesses de classe. Guy Debord alertaria que vivemos na sociedade do espetáculo, onde a realidade é substituída por imagens encenadas – e no Brasil vimos um espetáculo midiático-judicial capturar a imaginação coletiva. Hannah Arendt lembraria que, quando fatos e ficções se confundem e a propaganda domina, abre-se caminho para que ideias autoritárias pareçam aceitáveis, tornando as pessoas presas fáceis de demagogos.

Ao focar especialmente no Brasil, constatamos que as manifestações de 2013, a Lava Jato e o impeachment foram todos moldados, em maior ou menor grau, por estratégias de comunicação de massa. Nada disso significa negar totalmente a agência das pessoas comuns – elas tinham motivações legítimas e insatisfações reais. Contudo, evidencia-se que essa energia difusa foi capturada e redirecionada por quem detinha maior poder narrativo. O brasileiro médio queria menos corrupção e melhor qualidade de vida; o que obteve, após muita turbulência, foi um arranjo político que não atendeu essas demandas e ainda fragilizou a democracia. Ou seja, a promessa pela qual lutou era em grande parte uma miragem criada pelos manipuladores.

A servidão voluntária na era digital se revela, portanto, num fenômeno preocupante: populações inteiras conectadas, com acesso a mais informação do que nunca, mas paradoxalmente vulneráveis a sequestros cognitivos em massa. A combinação de mídias tradicionais (televisão aberta com seu enorme alcance) e novas mídias (redes sociais segmentadas e virais) pode formar uma tempestade perfeita de influência. No Brasil, viu-se o uso síncrono de ambas: a TV legitimava e ampliava o que fervilhava na internet, e esta por sua vez alimentava a TV com pautas e "clamores populares" fabricados.

Felizmente, a história não acaba em 2016. Os anos seguintes trouxeram lições duras. Muitos que apoiaram o impeachment ou embarcaram na radicalização digital sentiram arrependimentos quando confrontaram a realidade pós-fato. Houve aprendizado social: a desconfiança crítica em relação às fake news cresceu em parte da população, iniciativas de checagem de fatos ganharam espaço, debates sobre regulação das plataformas entraram na agenda. Mas os riscos persistem, como evidenciado nos tumultos globais da política recentíssima. No caso brasileiro, a "ressaca" das ilusões criadas levou, em 2018, à eleição de um governo de extrema-direita, que por sua vez promoveu novas ondas de desinformação – e cuja rejeição ao fim do mandato resultou em vários atos golpistas culminando com a tomadas das sedes dos três poderes em 2023, acreditando-se que seria impossível tirar o povo de lá, o que consumaria o golpe. Ledo engano, as instituições democráticas mostraram sua força e hoje centenas das pessoas que invadiram as sedes dos poderes estão condenadas e cumprem duras penas, enquanto os líderes têm julgamento marcado no STF. Como se viu, o ciclo de servidão voluntária pode se retroalimentar se não for rompido.

Que lições tirar? Primeiramente, a necessidade de educação midiática e digital: os cidadãos precisam desenvolver um filtro crítico, aprender a identificar manipulações, checar fatos e não se deixarem levar pelo calor do viral sem reflexão. Em segundo lugar, a pluralidade informativa: democratizar os meios de comunicação, seja quebrando monopólios ou regulando, promovendo algoritmos mais transparentes, para diluir o poder de determinar uma única versão da verdade. Em terceiro, o fortalecimento das instituições democráticas com transparência e diálogo, para reduzir a desconfiança que facilita o terreno das teorias conspiratórias.

Michel Foucault disse certa vez que onde há poder, há resistência. De fato, apesar de tudo, houve resistência lúcida durante aqueles anos – vozes na imprensa independente, nas universidades, em movimentos sociais –expondo as manipulações. Embora abafadas então, elas constituíram um acervo de memória crítica que hoje nos permite entender melhor o ocorrido. Não por acaso, muitos desses críticos foram perseguidos ou desacreditados à época – sinal de que a batalha pela verdade é intrinsecamente uma batalha de poder.

De fato, a servidão voluntária na era das fake news é um fenômeno real e perigoso, mas não invencível. Reconhecê-lo é o primeiro passo para combatê-lo. Se La Boétie clamava aos povos que basta retirarem o apoio para o tirano cair, hoje podemos traduzir: basta retirar nosso "clique", nosso compartilhamento, nosso ibope à mentira e ao ódio, para que estes feneçam. É uma luta cotidiana, nas conversas, nas redes e nas urnas, para que a vontade popular deixe de ser instrumento contra si mesma e volte a ser expressão genuína de anseios por justiça social, liberdade e dignidade. Somente assim poderemos romper as correntes invisíveis que tentaram nos impor – aquelas forjadas não em ferro, mas em narrativas enganosas que muitas vezes aceitamos, pelo menos por um tempo. Libertar-se delas é desafio de toda democracia no século XXI. O caso brasileiro alerta para o alto preço de falhar nesse desafio, mas também inspira a insistir: pelo conhecimento, pela crítica e pela pluralidade, podemos reivindicar de volta nossa autonomia de pensamento e, com ela, mais equidade, já que todo ataque visa exatamente o acúmulo por determinadas elites.

REFERÊNCIAS

Costa, W. R. (2020). *Breve discurso sobre a ignorância voluntária* – Congresso em Foco. (Artigo relacionando La Boétie e ignorância nas redes sociais.)

van Dijk, T. A. (2017). *How Globo media manipulated the impeachment of Brazilian President Dilma Rousseff. Discourse & Communication, 11*(2). (Análise crítica da manipulação midiática no impeachment.)

van Dijk, T. A. (2017). Ibid. (Trechos destacando manipulação e protestos anti e pró-Dilma.)

Wikipédia (2023). *Jornadas de Junho*. (Descrição da cobertura midiática inicial e reação dos manifestantes.)

Pensador (s.d.). Citação de Guy Debord. ("No mundo realmente invertido, o verdadeiro é um momento do falso.")

Albuquerque, L. (2020). *Chomsky e os cinco filtros da mídia* – NECCINT/UFOP. (Comentário sobre propaganda em democracias segundo Chomsky.)

Jusbrasil (2017). *O discurso da servidão voluntária em Étienne de La Boétie*. (Citação da obra de La Boétie destacando o papel do povo na própria servidão.)

van Dijk, T. A. (2017). Ibid. (Citação de José A. Camargo sobre manipulação midiática configurar "golpe midiático".)

Oliveira, T. M. S. (2021). *Lava Jato: a força-tarefa em seu labirinto* – Brasil de Fato. (Opinião sobre Lava Jato como espetáculo de narrativa ficcional maniqueísta.)

Ruediger, T. et al. (2017). *Das Jornadas de Junho à cruzada moral: o papel das redes sociais na polarização política brasileira – Sociedade*

e Estado, 32(3). (Trecho sobre redes em 2013, polarização moral e anti-institucional.)
Mídia Ninja (2013). Coberturas alternativas dos protestos de junho.
Pesquisa Ibope (2013). Dados sobre apoio popular às manifestações.
Arendt, H. (1951). *As Origens do Totalitarismo*. (Análise do papel da propaganda e do colapso de verdade factual.)
Bentham, J. (1995). *The Panopticon Writings*. (Inspiração do conceito de panóptico discutido por Foucault.)
Eco, U. (2015). Declaração polêmica sobre redes sociais.
Herman, E. S. & Chomsky, N. (1988). *Manufacturing Consent: The Political Economy of the Mass Media*. (Referência original sobre fabricação do consentimento.)
Debord, G. (1967). *A Sociedade do Espetáculo*. (Obra clássica sobre a lógica do espetáculo.)
Foucault, M. (1975). *Vigiar e Punir*. (Estudo do poder disciplinar e origem do panóptico.)
Foucault, M. (1976). *História da Sexualidade: A vontade de saber*. (Discussões sobre biopolítica.)
Boétie, É. de la. (1982). *O Discurso da Servidão Voluntária*. (Edição crítica sobre as ideias do autor.)
ALBUQUERQUE, A. de; et al. Brazilian Blogosfera Progressista: Digital Vanguards in Dark Times. *tripleC: Communication, Capitalism & Critique*, v. 18, n. 1, p. 219-235, 2020.
ALDÉ, A.; ESCOBAR, J.; CHAGAS, V. A febre dos blogs de política. *Revista Famecos*, Porto Alegre, v. 14, n. 33, p. 29-40, dez. 2007.
BAILEY, O.; MARQUES, F. Brazilian News Blogs and Mainstream News Organizations: Tensions, Symbiosis, or Independency? In: SIAPERA, E.; VEGLIS, A. (Ed.). *The Handbook of Global Online Journalism*. [S. l.]: Wiley-Blackwell, 2012.
BARROSO, L. R. Declaração no V Colóquio sobre o STF (2018). *Agência Brasil*, Brasília, 2018. Disponível em: [Inserir

URL da Agência Brasil, se disponível]. Acesso em: 1 mar. 2025.

BAUDRILLARD, J. *Simulacros e simulação*. Tradução de Maria João da Costa Pereira. Lisboa: Relógio D'Água, 1991.

BOURDIEU, P. *O poder simbólico*. Tradução de Fernando Tomaz. Rio de Janeiro: Bertrand Brasil, 1989.

BRASIL DE FATO. Caso Elon Musk vs. STF: Twitter suspenso? Entenda a decisão de Moraes... *Brasil de Fato*, [S. l.], 2024. Disponível em: [Inserir URL do Brasil de Fato]. Acesso em: 1 mar. 2025.

BRASIL DE FATO. Caso Trump/Rumble vs. STF: Alexandre de Moraes repudia tentativa dos EUA... *Brasil de Fato*, [S. l.], 2025. Disponível em: [Inserir URL do Brasil de Fato]. Acesso em: 1 mar. 2025.

BRUNS, A. Gatekeeping, Gatewatching, Real-Time Feedback: New Challenges for Journalism. *Brazilian Journalism Research*, [S. l.], v. 7, n. 2, p. 117-136, 2011.

CARTA CAPITAL; AGÊNCIA BRASIL. Caso Trump/ Rumble vs. STF: Barroso: narrativa de golpe não prevalecerá. *CartaCapital*, [S. l.], 2025. Disponível em: [Inserir URL da Carta Capital ou Agência Brasil]. Acesso em: 1 mar. 2025.

CARVALHO, E. de M. *Jornalismo em rede: a blogosfera progressista como ecossistema midiático*. 2017. Tese (Doutorado em Comunicação) - Universidade Federal Fluminense, Niterói, 2017.

CARVALHO, E.; ALBUQUERQUE, A. A Blogosfera Progressista e a releitura do modelo de jornalismo independente no Brasil. In: COMUNICAÇÃO E CIDADANIA POLÍTICA. [S. l.]: Ed. Unesp, 2017.

FORSTER, C. Few know that biased Huffington Post is a news aggregator. *The Gateway*, [S. l.], 2015. Disponível em: [Inserir URL do The Gateway]. Acesso em: 1 mar. 2025.

GUAZINA, L. Jornalismo que tem lado: o caso dos blogueiros brasileiros 'progressistas'. *Brazilian Journalism Research*, [S. l.], v. 9, n. 2, p. 68-87, 2013.

HAN, B.-C. *No Enxame: Perspectivas do Digital.* [S. l.]: [Editora a ser confirmada], [Ano a ser confirmado].

KRISTOFFERSON, K.; WHITE, K.; PELOZA, J. The nature of slacktivism: How the social observability of an initial act of token support affects subsequent prosocial action. *Journal of Consumer Research*, [S. l.], v. 40, n. 6, p. 1149-1166, 2014.

MELLO, C. de. Voto na Ação Penal 470. Brasília: Supremo Tribunal Federal, 2013. Disponível em: [Inserir URL do STF]. Acesso em: 1 mar. 2025.

MOREIRA, S. A mídia brasileira é uma das mais concentradas do mundo. (Entrevista concedida a). [Inserir nome do veículo de comunicação], [Data da entrevista, se disponível]. Disponível em: [Inserir URL da entrevista]. Acesso em: 1 mar. 2025.

SUNSTEIN, C. R. *Republic.com.* Princeton: Princeton University Press, 2001.

ARISTÓTELES. Política.

BASTOS, Celso Ribeiro. Curso de Teoria do Estado e Ciência Política.

DWORKIN, Ronald. Levando os Direitos a Sério.

ELSTER, John. Ulysses Unbound: Studies in Rationality, Precommitment, and Constraints.

HABERMAS, Jürgen. Facticidade e Validade: Sobre o Direito e o Estado Democrático de Direito num Contexto de Desencantamento do Mundo.

HOBBES, Thomas. Leviatã.

KANT, Immanuel. Ideia de uma História Universal de um Ponto de Vista Cosmopolita.

LOCKE, John. Segundo Tratado sobre o Governo Civil.

MARX, Karl; ENGELS, Friedrich. Manifesto do Partido Comunista.

MONTESQUIEU, Charles de. O Espírito das Leis.

PLATÃO. A República.

RAWLS, John. Uma Teoria da Justiça.

ROUSSEAU, Jean-Jacques. Do Contrato Social.

SOUZA JÚNIOR, Cezar Saldanha. O Tribunal Constitucional como Poder.

VOLTAIRE, François-Marie Arouet. Cartas Inglesas.

1. Habermas, Jürgen.
2. Castells, Manuel.
3. Rheingold, Howard.
4. Lévy, Pierre.
5. Shirky, Clay.
6. Dahlberg, Lincoln.
7. Noveck, Beth Simone.
8. Morozov, Evgeny.
9. Exemplos de orçamentos participativos digitais em cidades do Brasil e do mundo (Belo Horizonte, Recife, Paris etc.).
10. Plataforma Decide Madrid e vTaiwan, casos de participação digital bem-sucedidos.
11. Sistema de votação eletrônica (i-voting) na Estônia.
12. Portais de e-petição (Reino Unido, Casa Branca) e plataformas de consulta do Congresso Nacional brasileiro (e-Cidadania, e-Democracia).
13. Debates sobre inclusão digital e segurança cibernética (caso estoniano e referências de auditorias independentes).
14. Voto eletrônico e aplicativos do TSE (e-Título), uso de biometria no Brasil.
15. Padrões internacionais de e-voting (Conselho da Europa).

Gadamer, Hans-Georg. *Verdade e Método*. Trad. Flávio Paulo Meurer. Petrópolis: Vozes, 2018.

Streck, Lenio Luiz. *Hermenêutica Jurídica e(m) Crise: Uma Exploração Hermenêutica da Construção do Direito*. 10. ed. Porto Alegre: Livraria do Advogado, 2019.

Streck, Lenio Luiz. *Verdade e Consenso: Constituição, Hermenêutica e Teorias Discursivas*. 4. ed. São Paulo: Saraiva, 2014.

Dworkin, Ronald. *O Império do Direito*. Trad. Jefferson Luiz Camargo. São Paulo: Martins Fontes, 2007.

Arendt, Hannah. *Entre o Passado e o Futuro* (Ensaios "Verdade e Política" e "Mentira na Política"). Trad. Mauro W. Barbosa. São Paulo: Perspectiva, 2011.

Habermas, Jürgen. *Direito e Democracia: Entre Facticidade e Validade*. Trad. Flávio Beno Siebeneichler. Rio de Janeiro: Tempo Brasileiro, 2003.

Nascimento, Carlos Eduardo G. "Fake news, mentira organizada e educação: uma reflexão a partir do pensamento de Hannah Arendt". *Revista Docência e Cibercultura*, v.4, n.1, 2020.

LLYC. "Navigating conversations in a highly polarized society". *Desafios - LLYC Global*, 2022.

Tribunal Regional Eleitoral da Bahia (TRE-BA). "Cidadão que espalhar fake news pode ser responsabilizado por crime contra a honra". Notícias, 11/03/2021.

Jusbrasil. "Impacto das fake news nos direitos e garantias fundamentais". Artigo, 2020.

ConJur. "Hermenêutica filosófica e Direito: diálogo entre Gadamer e Dworkin". *Diário de Classe*, 11/09/2021.

Estado da Arte (Estadão). "Estamos condenados a interpretar", 17/08/2020.

Theory, Culture & Society. "Jürgen Habermas & the Digital Transformation of the Public Sphere", 2022.

Bobbio, N. *Direito e Estado no pensamento de Emanuel Kant*. Tradução de Alfredo Fait. Brasília: UnB, 1997.

Bonavides, P. *Curso de Direito Constitucional*. 13. ed. São Paulo: Malheiros, 2003.

Cademartori, L. H. U. "Os fundamentos de legitimidade do Estado Constitucional: As análises de Weber e Habermas". In: _____. *Temas de Política e Direito Constitucional Contemporâneo*. Florianópolis: Momento Atual, 2004.

Dworkin, R. *Virtud soberana: la teoría y la práctica de la igualdad*. Traducción de Fernando Aguiar y Maria Julia Bertomeu. Barcelona: Paidos, 2003.

Gesta Leal, R. (Org.). *Direitos Sociais e Políticas Públicas: Desafios Contemporâneos*. Santa Cruz do Sul: EDUNISC, 2003.

Habermas, J. *Direito e democracia: entre facticidade e validade*. Tradução de Flávio Beno Siebeneichler. Rio de Janeiro: Tempo Brasileiro, 1997.

Rocha, L. S. da. "Direito, cultura política e democracia". *Anuário do Programa de Pós-Graduação em Direito da Universidade do Vale do Rio dos Sinos (UNISINOS)*, São Leopoldo: 2000.

Wolkmer, A. C. "A ética em redefinição: um novo fundamento para o direito". *Revista Seqüência*, n. 26, ano XIV, jul. 1993.

pólen bold 90 gr/m2
tipologia calisto mt
impresso no outono de 2025